All Inclusive
SPANISCH

Der Sprachkurs für den Einstieg mit Buch, Audio-Training, Vokabeltrainer-App und Reise-Sprachführer

von
Johann-Friedrich Weber

PONS
All Inclusive
SPANISCH

Der Sprachkurs für den Einstieg mit Buch, Audio-Training, Vokabeltrainer-App und Reise-Sprachführer

von Johann-Friedrich Weber

MITREDEN!-Seiten: Sabine Ilg

Die Inhalte dieses Buches sind identisch mit
ISBN 978-3-12-562336-1

PONS verpflichtet sich, die App zum Buch mindestens bis Ende 2025 bereitzustellen. Ein Anspruch auf Nutzung darüber hinaus besteht nicht.

Sie finden die Audio-Dateien zu Ihrem Buch als Download, indem Sie den QR-Code hier einscannen oder indem Sie auf folgenden Link gehen:
www.pons.de/all-inclusive-ES

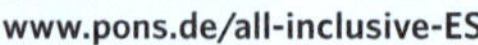

1. Auflage 2024

www.pons.de

Logoentwurf: Erwin Poell, Heidelberg
Logoüberarbeitung: Sabine Redlin, Ludwigsburg
Innenlayout: Meike Elsasser, Hildrizhausen
Satz: Design Depot Ltd., www.design-depot.eu
Druck und Bindung: dnf-Verlag GmbH, Nürtingen

ISBN: 978-3-12-562332-3

Sie möchten in kleinen Portionen erste Kenntnisse in Spanisch erlangen? Sie möchten in alltäglichen Situationen und im Urlaub zurechtkommen? Mit **All Inclusive Spanisch** haben Sie zwei Möglichkeiten, um schnell und einfach zu lernen - je nachdem, wie viel Zeit Sie aufwenden möchten.

Wie ist der Kurs aufgebaut?

Der Kurs besteht aus 25 Lektionen und **10 MITREDEN!-Seiten.**

- Jede Lektion besteht aus vier Seiten. Hier werden alle wichtigen Themen rund um Urlaub und Alltag behandelt.
- In den Übungen können Sie das Gelernte sofort trainieren.
- Die Lösungen dazu finden Sie immer auf der rechten Seite.

Folgende **Symbole** werden Ihnen im Buch begegnen:

verweist auf die zugehörige Audiodatei auf CD1.

verweist auf ein Grammatikthema, das in der allgemeinen Grammatik im Anhang ausführlicher erklärt wird.

verweist auf interkulturelle Tipps, die Ihnen Informationen zu Land und Leuten geben.

Im **Anhang** des Buches finden Sie

- **die Grammatik:** Alle im Kurs behandelten Grammatikthemen werden hier anschaulich erklärt.
- **den Wortschatz:** Hier erhalten Sie den wichtigsten Wortschatz aus den Lektionen. Die Audiodateien dazu sind auf CD2.
  Die Audiodateien von CD1 und CD2 finden Sie auch zum Download unter: **www.pons.de/all-inclusive-ES**

Willkommen

Haben Sie wenig Zeit? Kein Problem!

Dann können Sie direkt mit den MITREDEN!-Seiten beginnen. Die elf farbig hinterlegten Seiten, die im Buch verteilt sind, fassen die wichtigsten Wörter und Sätze zusammen. Sie können die für Sie wichtigen Themen in beliebiger Reihenfolge lernen.

Was bekommen Sie in diesem Paket?

Zusätzlich zum Buch erhalten Sie:

- **2 MP3-CDs:** CD1 mit den Tondateien aus den Lektionen, CD2 mit einem Audiotrainer für unterwegs. Zusätzlich können Sie die Hördateien kostenlos unter www.pons.de/all-inclusive-ES finden.
- die **PONS Vokabeltrainer-App,** mit der Sie den Wortschatz aus den Lektionen online und offline trainieren können. Folgen Sie einfach den Anweisungen, die Sie unter www.pons.de/all-inclusive-ES finden, um die App zu installieren.
- einen **Mini-Sprachführer** mit dem wichtigsten Reisewortschatz für unterwegs.

Viel Spaß und Erfolg!
Ihre PONS-Redaktion

Begrüßen, Verabschieden und Smalltalk  1

¡Buenos días!	Guten Tag! (vormittags)
¡Hasta luego!	Bis später!, Tschüss!
¡Buenas tardes!	Guten Tag! (ab ca. 14.00)
¡Hasta pronto!	Bis bald!
¡Buenas noches!	Guten Abend!; Gute Nacht! (ab ca. 20 Uhr)
¡Adiós!	Auf Wiedersehen.

¿Qué tal?
Wie geht es dir?

Bien, gracias.
Gut, danke.

¿Cómo te llamas?
Wie heißt du?

Me llamo Anna.
Ich heiße Anna.

¿Cuántos años tienes?
Wie alt bist du?

Tengo 20 años.
Ich bin 20 Jahre alt.

¿De dónde eres?
Woher kommst du?

Soy de Alemanía.
Ich komme aus Deutschland.

Länder, Nationalitäten und Sprachen  2

España	Spanien	**español (-a)**	spanisch
Alemania	Deutschland	**alemán (alemana)**	deutsch
Inglaterra	England	**inglés (inglesa)**	englisch
Francia	Frankreich	**francés (francesa)**	französisch
Italia	Italien	**italiano (-a)**	italienisch

 3

0	cero	11	once	30	treinta
1	uno	12	doce	40	cuarenta
2	dos	13	trece	50	cincuenta
3	tres	14	catorce	60	sesenta
4	cuatro	15	quince	70	setenta
5	cinco	16	dieciséis	80	ochenta
6	seis	17	diecisiete	90	noventa
7	siete	18	dieciocho	100	cien
8	ocho	19	diecinueve	200	doscientos
9	nueve	20	veinte	500	quinientos
10	diez	21	veintiuno	1000	mil

Fragewörter und Konjunktionen

 4

quién	wer	**y**	und	**qué**	was
o	oder	**cómo**	wie	**pero**	aber
dónde	wo	**entonces**	dann, also	**adónde**	wohin
porque	weil	**cuándo**	wann	**por eso**	deswegen
por qué	warum				

1 Die richtige Aussprache

Lernen Sie anhand der folgenden Wörter die wichtigsten Besonderheiten der spanischen Aussprache:

c vor **e** und *i* sowie **z**	wie *th* in engl. *th*ink	**gracias** *danke* **cerveza** *Bier*
c vor *a, o, u* und vor Konsonant	wie dt. *k*	**cocina** *Küche*
ch	wie dt. *tsch*	**mucho** *viel*
g vor *e* und *i* sowie **j**	wie *ch* in dt. a*ch*t	**Argentina** *Argentinien*, **viaje** *Reise*
g vor *a, o, u* und vor Konsonant sowie **gu** vor **e**, *i*	wie dt. *g*	**garaje** *Garage* **guerrilla** *Gerilla*
h	wird nie ausgesprochen	**hola** *hallo*
ll	wie *lli* in dt. Mil*li*on	**pasillo** *Flur*
ñ	wie *gn* in dt. Co*gn*ac	**baño** *Bad*
qu	wie dt. *k*	**queso** *Käse*
r	wird leicht gerollt	**ahora** *jetzt*
rr und **r** am Wortanfang	wird sehr stark gerollt	**guitarra** *Gitarre*
v	wie dt. *b*	**vela** *Kerze*
y	wie dt. *j*	**yo** *ich*

2

Lesen Sie die folgenden Wörter laut und ordnen Sie sie der korrekten Aussprache zu:

		klingt wie
___ **1. noche** *Nacht*	___ **6. ángel** *Engel*	**A** **K**ilo
___ **2. hijo** *Sohn*	___ **7. azúcar** *Zucker*	**B** **G**arten
___ **3. querer** *mögen*	___ **8. gordo** *dick*	**C** **tsch**üss
___ **4. guitarra** *Gitarre*	___ **9. fecha** *Datum*	**D** engl. **th**ink
___ **5. zapato** *Schuh*	___ **10. casa** *Haus*	**E** ma**ch**en

3 6

Zur spanischen Wortbetonung beachten Sie bitte drei Regeln:

1. Wörter, die auf Vokal (*-a*, *-e*, *-i*, *-o*, *-u*), *-n*, oder *-s* enden, werden auf der vorletzten Silbe betont:

poquito *wenig*, **cenamos** *wir essen zu Abend*.

2. Wörter, die auf Konsonant (außer *-n* und *-s*) enden, werden auf der letzten Silbe betont:

usted *Sie*

y *und* wird nicht wie dt. *j* sondern wie dt. *i* ausgesprochen. Vor Wörtern, die mit **i** oder **hi** beginnen, wird **y** zu **e: Pedro y Pablo aber Ana e Irma.**

LÖSUNG

2 1C; 2E; 3A; 4B; 5D; 6E; 7D; 8B; 9C; 10A

3. Alle Wörter, deren Betonung von den ersten beiden Regeln abweicht, werden mit Akzent geschrieben:

catalán *katalanisch*

Mit Akzent schreibt man also auch Wörter, die die Betonung auf der drittletzten Silbe tragen:

número *Nummer*

Ordnen Sie die folgenden Wörter in die Tabelle, je nachdem, ob sie auf der letzten **A**, vorletzten **B** oder drittletzten **C** Silbe betont werden:

1. **bolígrafo** *Kugelschreiber*
2. **español** *spanisch*
3. **amigo** *Freund*
4. **lápiz** *Bleistift*
5. **periódico** *Zeitung*
6. **música** *Musik*
7. **mujer** *Frau*
8. **hombre** *Mann*
9. **motor** *Motor*
10. **éxito** *Erfolg*
11. **andén** *Bahnsteig*
12. **Andes** *Anden*

A	B	C
______	______	______
______	______	______
______	______	______
______	______	______

Denken Sie daran:
das **h** ist im Spanischen stumm.

¡Hola! ¿Qué tal? *Hallo! Wie geht's?*

Diese Begrüßungsformel ist in Spanien sehr häufig zu hören. Wie Sie sehen, gibt es im Spanischen zusätzlich zu den bekannten Satzzeichen noch umgekehrte Frage- und Ausrufezeichen (¿ und ¡), die am Anfang einer Frage bzw. eines Ausrufes stehen.

Die meisten der folgenden Begriffe dürften Ihnen bekannt sein. Lesen Sie sie laut und überprüfen Sie anhand des in dieser Lektion Gelernten Ihre Aussprache und Betonung. Die Laute, bzw. Silben, auf die Sie besonders achten sollten, sind hervorgehoben.

Don Quijote	**machete**	**sombrero**	**jerez**
Don Quijote	*Machete*	*Hut*	*Sherry*
¡Hasta la vista!	**cigarrillo**	**castañuela**	**paella**
Auf Wiedersehen!	*Zigarette*	*Kastagnette*	*Paella*
música	**anónimo**	**autobús**	**café**
Musik	*anonym*	*(Omni)Bus*	*Café, Kaffee*

LÖSUNG

4 1C; 2A; 3B; 4B; 5C; 6C; 7A; 8B; 9A; 10C; 11A; 12B

2 Ins Gespräch kommen

¡Hola! ¿Qué tal? *Hallo! Wie geht's?* ist eine allgemeine Begrüßungsform. Man antwortet normalerweise mit: **Bien, gracias, ¿y tú / usted?** *Gut, danke. Und dir / Ihnen?*

Weitere Grußformeln lauten:

buenos días (vormittags)

buenas tardes (ab etwa 14 Uhr und abends)

buenas noches (ab etwa 20 Uhr)

In Spanien kommt man schnell zum *Du* **tú**, auch unter Kollegen oder Geschäftspartnern. Es ist aber üblich, ältere Menschen und Respektspersonen zu *siezen* **tratar de usted**, auch wenn man von ihnen *geduzt* wird **tutear**.

Abschiedsformeln setzen sich häufig aus der Präposition **hasta** *bis* und einer Zeitangabe zusammen:

¡Adiós, buenas noches!	*Auf Wiedersehen, gute Nacht!*
¡Hasta pronto!	*Bis bald!*
¡Hasta mañana!	*Bis morgen!*
¡Hasta la próxima semana!	*Bis nächste Woche!*
¡Hasta luego!	*Bis später! / Tschüss!*

Für das deutsche Verb *sein* kennt das Spanische zwei Übersetzungen: **ser** und **estar**:.

ser	**soy**	**eres**	**es**	**somos**	**sois**	**son**
estar	**estoy**	**estás**	**está**	**estamos**	**estáis**	**están**

ser + Adjektiv bezeichnet eine dauerhafte Eigenschaft.

(Él) es inteligente.
Er ist intelligent.

Außerdem wird **ser** für Angaben zu Herkunft, Beruf, Religion, u. ä. verwendet:

(Ella) es española.
Sie ist Spanierin.

Julia es de Madrid.
Julia ist aus Madrid.

estar bedeutet *sein* im Sinne von *sich befinden*:

Estamos en Mérida.
Wir sind in Mérida.

Mit **estar** drückt man darüber hinaus Gefühle und Befinden aus:

Estoy contento / -a.
Ich bin zufrieden.

Están enamorados.
Sie sind verliebt.

  18

Die spanischen Verben werden nur dann mit Personalpronomen (**yo, tú, él / ella / usted, nosotros / -as, vosotros / -as, ellos / ellas / ustedes** – *ich, du, er …*) verwendet, wenn es darum geht, Missverständnisse auszuschließen oder das Subjekt zu betonen:

Él está en la playa.	*ER ist am Strand (nicht sie).*
Yo tomo un taxi.	*ICH nehme ein Taxi.*

 11

Ergänzen Sie die Übersetzungen mit den korrekten Formen des deutschen Verbs *sein:*

1. Soy alemana.	________ *Deutsche.*
2. Estamos de viaje.	________ *auf Reisen.*
3. Estoy contento.	________ *zufrieden.*
4. ¿Estás en Sevilla?	________ *in Sevilla?*
5. ¿De dónde sois?	*Woher* ________*?*

Um jemanden zu fragen, woher er oder sie kommt, sagt man:

¿De dónde eres / sois? *Woher kommst du / kommt ihr?* bzw.
¿De dónde es usted / son ustedes? *Woher kommen Sie?*

Die Antwort beginnt dann für gewöhnlich mit:

Soy de… *Ich bin aus …* bzw. **Somos de…** *Wir sind aus …*

• **¿De dónde eres?**	*Woher kommst du?*
■ **Soy alemana, de Colonia. - Y vosotros, ¿de dónde sois?**	*Ich bin Deutsche, aus Köln. Und ihr, woher seid ihr?*
• **Somos franceses. Ella es de París y yo soy de Montpellier.**	*Wir sind Franzosen. Sie ist aus Paris und ich komme aus Montpellier.*
■ **Y ellos, ¿de dónde son?**	*Und sie, woher kommen sie?*
• **Ellos son de diferentes países: de Inglaterra, de Italia, de Polonia, de Rumanía, de Austria y de Suiza.**	*Sie sind aus verschiedenen Ländern: aus England, aus Italien, aus Polen, aus Rumänien, aus Österreich und aus der Schweiz.*

10

So fragen Sie nach dem Namen:

¿Cómo te llamas?	*Wie heißt du?*
¿Cómo se llama?	*Wie heißen Sie?*

Die Antwort beginnt dann mit:

Me llamo...	*Ich heiße ...*

LÖSUNG

7 1 ich bin; 2 wir sind; 3 ich bin; 4 bist du; 5 seid ihr

Ausbildung und Beruf

Die spanischen Verben setzen sich aus Stamm und Endung zusammen. In dieser Lektion lernen Sie die regelmäßigen Verben auf **-ar** und auf **-er** kennen.

trabajar bedeutet *arbeiten*. Die Präsensformen dieses Verbs lauten:

(yo) **trabajo**, (tú) **trabajas**, (él / ella, usted) **trabaja**, (nosotros / -as) **trabajamos**, (vosotros / -as) **trabajáis**, (ellos / -as, ustedes) **trabajan**

cantar *singen* und **viajar** *reisen* werden wie **trabajar** konjugiert. Versuchen Sie es:

cantar	viajar
canto	______
______	______
______	______
______	viajamos
______	______
______	______

  8

Ganz gleich ob Sie arbeiten, singen oder reisen - irgendwann müssen Sie etwas *essen* **comer**. Wer wird Ihnen etwas Leckeres *verkaufen* **vender**? Die regelmäßigen Verben auf **-er** werden im Präsens ganz ähnlich wie die auf **-ar** konjugiert. Der Unterschied besteht nur darin, dass in den Endungen kein **a** sondern ein **e** vorkommt. Versuchen Sie es:

comer	vender
como	____________
comes	____________
____________	____________
____________	____________
____________	vendéis
____________	____________

4

Weitere regelmäßige Verben sind: **aprender** *lernen*, **mirar** *anschauen*, **tomar** *trinken / nehmen*, **beber** *trinken*, **comprar** *kaufen*, **estudiar** *studieren*, **alquilar** *mieten*

LÖSUNG

2 cantas, canta, cantamos, cantáis, cantan | viajo, viajas, viaja, viajáis, viajan

3 come, comemos, coméis, comen | vendo, vendes, vende, vendemos, venden

Im Spanischen sind die Substantive entweder männlich oder weiblich. Sie können mit bestimmtem Artikel **el**, **la** *(Singular)* **los**, **las** *(Plural)* oder unbestimmtem Artikel **un**, **una** *(Singular)* **unos**, **unas** *(Plural)* stehen. Der bestimmte Artikel entspricht dem deutschen ***der***, ***die***, ***das***. Der unbestimmte Artikel entspricht dem deutschen ***ein***, ***eine*** (und ***einige*** im Plural).

el / un señor	*der / ein Herr*
los / unos señores	*die / einige Herren*
la / una señora	*die / eine Dame*
las / unas señoras	*die / einige Damen*

Setzen Sie bitte den fehlenden bestimmten und unbestimmten Artikel ein. Sie werden ganz nebenbei lernen, Singular und Plural von Substantiven zu bilden.

1. el / un niño	los / unos niños	*Kind*
2. la / ____ casa	____ / ____ casas	*Haus*
3. ____ / un café	____ / ____ cafés	*Kaffee*
4. ____ / ____ doctor	los / ____ doctores	*Doktor*
5. ____ / una ciudad	____ / ____ ciudades	*Stadt*
6. el / ____ paraguas	____ / ____ paraguas	*Regenschirm*

7

Mit **¿En qué trabajas / trabaja?** *Was arbeitest du / arbeiten Sie?* fragt man nach dem Beruf. Die Antwort kann lauten: **Trabajo como...** *Ich arbeite als ...*

8 14

Ordnen Sie jedem Bild die passende Berufsbezeichnung zu:

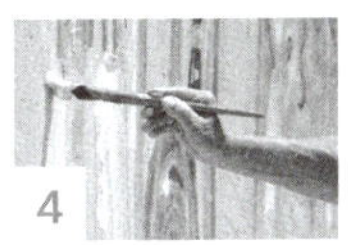

___ **A** el pintor ___ **B** la enfermera ___ **C** el informático
___ **D** el cocinero ___ **E** el cantante ___ **F** el cartero
___ **G** el bombero ___ **H** el actor

9  15

Wer arbeitet wo? Der Lektionswortschatz hilft Ihnen dabei, Berufe und Arbeitsplätze korrekt zu kombinieren:

1. el profesor
2. el recepcionista
3. la enfermera
4. la azafata

trabaja en ...

___ **A** el aeropuerto
___ **B** el hotel
___ **C** la escuela
___ **D** el hospital

LÖSUNG

5 2 una las unas; 3 el los unos; 4 el un unos; 5 la las unas; 6 un los unos •
8 1E; 2B; 3D; 4A; 5C; 6G; 7H; 8F • **9** 1C; 2B; 3D; 4A

Familie 16

soltero/-a	ledig
casado/-a	verheiratet
divorciado/-a	geschieden

el hombre, el señor
der Mann, der Herr

la mujer, la señora
die Frau, die Dame

el chico
der Junge

la chica
das Mädchen

los padres	Eltern	**los hermanos**	Geschwister
la madre	Mutter	**el/la hermano/-a**	Bruder, Schwester
el padre	Vater	**los abuelos**	Großeltern
los hijos	Kinder	**el/la abuelo/-a**	Opa, Oma
el/la hijo/-a	Sohn, Tochter	**el/la tío/-a**	Onkel, Tante
		el/la primo/-a	Cousin/e

Amigos y conocidos 17

el/la amigo/-a	Freund/-in
el/la novio/-a	Freund/-in (in einer Beziehung)
el/la vecino/-a	Nachbar/-in
el/la colega	Kollege/-in

Farben

amarillo	gelb		
azul	blau	**blanco**	weiß
rojo	rot	**negro**	schwarz
verde	grün	**marrón**	braun

Aussehen  18

flaco/-a	schlank
gordo/-a	dick
alto/-a	groß
pequeño/-a	klein

el cabello - (Kopf)Haar

el bigote - Schnurrbart

la barba - Bart

rizado	lockig	**rubio**	blond
liso	glatt	**castaño**	brünett
corto	kurz	**calvo**	kahlköpfig
largo	lang	**canoso**	grau

Berufe  19

el cocinero
der Koch

la enfermera
die Kranken-schwester

el bombero
der Feuer-wehrmann

el cartero
der Briefträger

la profesora
die Lehrerin

4 Freunde und Verwandte

Wenn Sie in Spanien Leute kennen lernen, werden Sie immer wieder die folgenden Formeln hören und selber anwenden:

Me llamo... Y usted / tú, ¿cómo se llama / cómo te llamas?	*Ich heiße ... und Sie / du? Wie heißen Sie / heißt du?*
Soy...	*Ich bin ...*
Le / Te presento a...	*Ich stelle Ihnen / dir ... vor.*
Mucho gusto. / Encantado.	*Sehr erfreut. / Angenehm.*

Lernen Sie María Luisa und ihren Bruder Manuel kennen:

Werden Sie nach Ihrem *Familienstand* **estado civil** gefragt, können Sie folgendermaßen antworten:

Estoy soltero / -a *ledig* **casado / -a** *verheiratet*
divorciado / -a *geschieden* **viudo / -a** *verwitwet*.

Auch mit **este / esta** *diese(r)* **es**, **estos / estas** *diese* **son** können Sie jemanden vorstellen:

Esta es mi novia Lola.
el novio, la novia
Freund(in) in einer Liebesbeziehung

Este es mi vecino Óscar.
el vecino, la vecina
der Nachbar, die Nachbarin

Estas son mis amigas Laura y Nicola.
el amigo, la amiga
der Freund, die Freundin

Estos son Luis y Ana, son mis colegas.
el / la colega
der Kollege, die Kollegin

Auf der nächsten Seite lernen Sie die Familie von María Luisa kennen. Sehen Sie sich den Stammbaum genau an und finden Sie die spanischen Verwandtschaftsbezeichnungen heraus:

LÖSUNG

Musterlösung: Yo me llamo Martin/Susanne. / Encantado/-a, Manuel.

LOS ABUELOS
Alfonso, el abuelo
Inmaculada, la abuela
LOS PADRES
LOS TÍOS
Jorge, el padre
Carmen, la madre
Miguel, el tío
Mercedes, la tía
María Luisa
Manuel, el hermano
Begoña, la cuñada
Ignacio, el primo
Laura, la prima

5

Aus dem Stammbaum ersehen Sie, wer was geäußert hat:

1. María Luisa es mi hermana. ___ **A** Ignacio

2. Miguel es mi marido *(Ehemann)*. ___ **B** Miguel y Mercedes

3. Carmen es nuestra hija. ___ **C** Mercedes

4. Mercedes es mi madre. ___ **D** Manuel

5. María Luisa es nuestra sobrina *(Nichte)*. ___ **E** Inmaculada y Alfonso

6 § 19

Sie haben jetzt nebenbei die Possessivpronomen **mi** *mein(e)*, **tu** *dein(e)* etc. kennengelernt. Ergänzen Sie die Tabelle und korrigieren Sie Ihre Lösung mit Hilfe der Grammatik:

mi tío, mi tía, ___ tíos, mis tías

tu tío, tu tía, tus tíos, ___ tías

___ tío, su tía, sus tíos, ___ tías

nuestro tío, nuestra tía, ___ tíos, nuestras tías

vuestro tío, ___ tía, vuestros tíos, ___ tías

___ tío, su tía, sus tíos, ___ tías

LÖSUNG

5 1D; 2C; 3E; 4A; 5B • **6** mis tíos / tus tías / su tío, sus tías / nuestros tíos / vuestra tía, vuestras tías / su tío, sus tías

5 Personenbeschreibung

  21 (§) 3

Adjektive richten sich in Geschlecht und Zahl nach dem Substantiv, auf das sie sich beziehen:

el pantalón marrón / negro	*die braune / schwarze Hose*
la camisa blanca / amarilla	*das weiße / gelbe Hemd*
los zapatos grises / azules	*die grauen / blauen Schuhe*
las chaquetas rojas / verdes	*die roten / grünen Jacken*

2

Adjektive können auch im Zusammenhang mit einer Form von **ser** oder **estar** verwendet werden:

El chico *Junge* **es flaco** *dünn*. **La chica** *Mädchen* **es flaca.**

Los chicos son flacos. Las chicas son flacas.

 (§) 4

Mit dem Adverb **muy** kann man ein Adjektiv betonen. **La blusa de María es muy elegante.** *Marias Bluse ist sehr elegant.* Welches Adjektiv passt in welche Lücke?

A serio *ernst(haft), streng* • **B simpáticas** *sympathisch* • **C nerviosos** *nervös* • **D divertida** *lustig*

1. Mis hermanos están muy ______________.

2. La amiga de María es muy ______________.

3. Andrés es muy ______________.

4. Tus tías son muy ______________.

Die Verben **llevar** *tragen* und **tener** *haben* verwendet man häufig im Zusammenhang mit Personenbeschreibungen.

Juan lleva barba y un sombrero. *Juan trägt Bart und einen Hut.*
José tiene bigote y el pelo corto. *José hat einen Schnurrbart und kurzes Haar.*

Beachten Sie die unregelmäßigen Formen von **tener**:

tengo, **tienes**, **tiene**, **tenemos**, **tenéis**, **tienen**

  22

Miguel kennt den *neuen Chef* **nuevo jefe** noch nicht. Er fragt Rosa, wie er aussieht. Ordnen Sie die folgenden Sätze zu einem schlüssigen Dialog:

1. *Rosa*: **Es calvo** *kahlköpfig* **y lleva barba.**
2. *Miguel:* **¿Y cómo es?**
3. *Rosa:* **Sí, lo conozco.** *Ja ich kenne ihn.* **Se llama Juan.**
4. *Miguel:* **Rosa, ¿conoces** *kennst* **tú al nuevo jefe?**
5. *Rosa:* **Sí, sí, es muy simpático.**
6. *Miguel:* **¿Es simpático?**

LÖSUNG

3 1C; 2D; 3A; 4B • **5** 4; 3; 6; 5; 2; 1

Das *Kopfhaar* wird ins Spanische mit **cabello** übersetzt. Mit **pelo** bezieht man sich ebenfalls auf das Kopfhaar aber auch auf *Haare* ganz allgemein, z. B. *Fell* **pelo de animal**, *Bartstoppel(n)* **pelo(s) de la barba.**

  23

Tipos y colores de pelo *Haartypen und Haarfarben:*

pelo rizado / liso / crespo	*lockiges / glattes / krauses Haar*
pelo seco – graso	*trockenes – fettiges*
corto – largo	*kurzes – langes Haar*
pelo rubio / moreno / pelirrojo / castaño / canoso	*blondes / dunkles / rotes / brünettes / graues Haar*

7 § 3

Meistens steht das Adjektiv hinter dem Substantiv; manchmal kann es aber auch davor stehen. Es ist dann in übertragener Bedeutung und nicht buchstäblich gemeint.

Welches ist in den folgenden Beispielen die jeweils korrekte Übersetzung?

1. Es un gran hombre. ____ **A** *Er ist ein großer Mann.*

2. Es un hombre grande. ____ **B** *Er ist ein großartiger Mann.*

8

Füllen Sie die Lücken mit den passenden Adjektiven. Achten Sie darauf, dass Sie jeweils Zahl und Geschlecht an das Substantiv anpassen:

caliente *heiß* • **feliz** *fröhlich* • **frío** *kalt* • **grande** *groß* • **lento** *langsam* • **limpio** *sauber* • **lleno** *voll* • **pequeño** *klein* • **rápido** *schnell* • **sucio** *schmutzig* • **triste** *traurig* • **vacío** *leer*

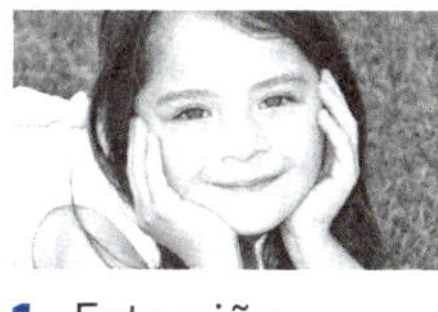

1. Esta niña no está *triste,* está *feliz.*

2. Estos vasos no están ______ están ______.

3. La tortuga no es ______ es ______.

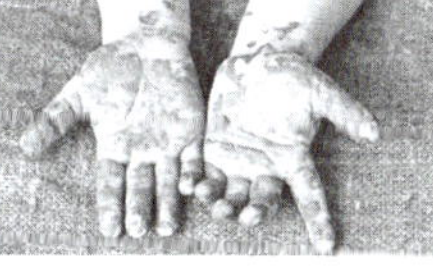

4. Estas manos no están ______ están ______.

5. El elefante no es ______ es ______.

6. Este café no está ______ está ______.

LÖSUNG

7 1B; 2A • **8 2.** vacíos / llenos; **3.** rápida / lenta; **4.** limpias / sucias; **5.** pequeño / grande; **6.** frío / caliente

Uhrzeit  24

¿A qué hora vamos a casa?
Um wie viel Uhr gehen wir nach Hause?

A las nueve de la noche.
Um neun Uhr abends.

¿Qué hora es?
Wie viel Uhr ist es?

Son las cinco y tres.
Es ist drei nach fünf.

¿Qué día y a qué hora quedamos?
Wann treffen wir uns?

El lunes, a las tres de la tarde.
Am Montag um drei Uhr nachmittags.

Wochentage  25

lunes	Montag
martes	Dienstag
miércoles	Mittwoch
jueves	Donnerstag
viernes	Freitag
sábado	Samstag
domingo	Sonntag

¿Dónde quedamos?
Wo treffen wir uns?

En la Plaza de España, al lado de la uni.
Bei der Plaza de España, neben der Uni.

Orte & Richtungen  26

la dirección	Richtung, Adresse
izquierda	links
derecha	rechts
todo recto	geradeaus
el cruce	Kreuzung
girar (a)	abbiegen (nach)

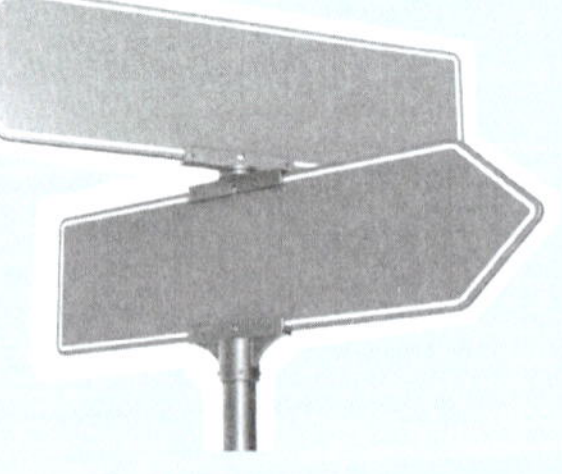

27

al lado de	neben	**la ciudad**	Stadt
enfrente de	gegenüber	**la plaza**	Platz
lejos de	fern	**el cine**	Kino
detrás de	hinter	**el puente**	Brücke
delante de	vor	**el barrio**	Viertel
en medio de	in der Mitte	**la farmacia**	Apotheke
alrededor de	ringsherum	**la calle**	Straße

salir	abfahren
llegar	ankommen
bajar	aussteigen
cambiar	umsteigen

¿A qué hora sale el tren a Sevilla?
Um wie viel Uhr fährt der Zug nach Sevilla ab?

Sale a las ocho menos viente.
Er fährt um zwanzig vor acht.

28

el autobús	Bus	**el tranvía**	Straßenbahn
el coche	Auto	**el metro**	U-Bahn
el tren	Zug	**la bicicleta**	Fahrrad
el billete	Ticket	**la moto**	Motorrad
la estación	Haltestelle, Bahnhof	**el avión**	Flugzeug
		el taxi	Taxi

6 Telefonnummer und Uhrzeit

0 cero ▪ **1** uno ▪ **2** dos ▪ **3** tres ▪ **4** cuatro ▪ **5** cinco ▪
6 seis ▪ **7** siete ▪ **8** ocho ▪ **9** nueve ▪ **10** diez ▪
11 once ▪ **12** doce ▪ **13** trece ▪ **14** catorce ▪ **15** quince ▪
16 dieciséis ▪ **17** diecisiete ▪ **18** dieciocho ▪
19 diecinueve ▪ **20** veinte

So fragen Sie nach der Telefonnummer:

¿Su / Tu número de teléfono, por favor?	*Ihre / deine Telefonnummer, bitte?*
¿Me puede dar su / Me puedes dar tu número de teléfono, por favor?	*Können Sie / Kannst du mir Ihre / deine Telefonnummer geben, bitte?*
¿Tiene(s) teléfono?	*Haben Sie / Hast du Telefon?*

In Spanien meldet man sich am Telefon nicht mit seinem Namen. Man sagt: **¡Diga! / ¡Dígame! / ¿Sí?**

¿Me puedes dar tu número de teléfono, por favor?

Mi número de teléfono es el

____

____

Zur vollen Stunde sagt man: **la una** *ein Uhr,* **las dos** *zwei Uhr* ...

Bis zu 30 Minuten nach der vollen Stunde wird die genaue Angabe mit **y** *und* an die vergangene Stunde angehängt, danach mit **menos** *weniger* von der folgenden abgezogen:

las cuatro...
... y cinco - *4:05 Uhr*
... y cuarto - *4:15 Uhr*
... y media - *4:30 Uhr*

las cinco...
... menos veinte - *4:40 Uhr*
... menos cuarto - *4:45 Uhr*
... menos diez - *4:50 Uhr*

mediodía **medianoche**

  30

So fragen Sie nach der Uhrzeit: **¿Qué hora es?**

Die Antwort lautet dann z. B.: **Es la una menos cinco** oder **Son las cuatro y media.**

Um einen Zeitpunkt zu erfahren, fragen Sie z. B. **¿A qué hora sale el autobús nº 14?** *Um wie viel Uhr fährt der Bus Nr. 14?*

Die Antwort beinhaltet dann **a** + *Zeitangabe.* **El autobús sale a las diez en punto.** *Der Bus fährt um Punkt zehn Uhr.*

6 Telefonnummer und Uhrzeit

6

Im offiziellen Kontext werden Uhrzeiten im 24-Stundenformat angegeben: **El vuelo / tren sale / efectúa su salida a las dieciséis y veinte.** *Der Flug / Zug geht um 16:20 Uhr.*

7

¿Qué hora es?

1. Es la ________________ ________________.

2. Son las ________________ ________________.

3. ________________ ________________.

4. ________________ ________________.

5. ________________ ________________.

6. ________________ ________________.

Das Reflexivpronomen **me**, **te**, **se**, **nos**, **os**, **se** braucht man um Sätze zu bilden, in denen der Handelnde gleichzeitig Objekt der Handlung ist: **Ana se viste.** *Ana zieht sich an.*

Die folgenden Tätigkeiten werden alle mit reflexiven Verben beschrieben. Vervollständigen Sie die Sätze mit der jeweils passenden Bildunterschrift:

A se peinan

B os afeitáis

C te lavas los dientes

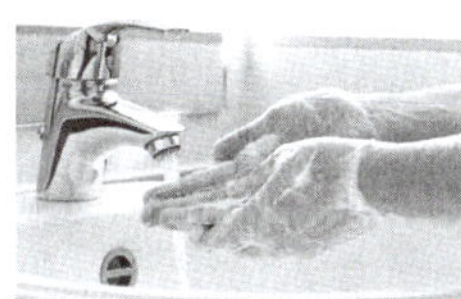

D me lavo las manos

1. **Yo** ______________________________.
2. **Ellas** ______________________________.
3. **Tú** ______________________________.
4. **Vosotros** ______________________________.

LÖSUNG

7 1. una y diez; **2.** tres y media; **3.** Son las ocho (en punto). **4.** Son las cinco y cuarto. **5.** Son las ocho menos cuarto. **6.** Son las doce. • **9** 1D; 2A; 3C; 4B

7 Sich verabreden

1 31

No bedeutet sowohl *nein*, als auch *nicht*.

¿Quieres ir al cine?	*Willst du ins Kino gehen?*
No, hoy no puedo.	*Nein, heute kann ich nicht.*

2

In der Wortschlange stehen die spanischen Namen der Wochentage, geordnet von Montag bis Sonntag. Versuchen Sie, die Schlange in die einzelnen Tage zu zerlegen.

lunesmartesmiércolesjuevesviernessábadodomingo

3 32

Das spanische Verb **quedar** kann ganz allgemein mit *bleiben* übersetzt werden. Im Zusammenhang mit Verabredungen bedeutet es aber *verbleiben*, *sich auf einen Ort* und/oder *Zeitpunkt verständigen*:

¿En qué quedamos?	*Wie verbleiben wir?*
Quedamos el sábado a las 10 delante del bar El Toro.	*Wir verbleiben bei Samstag um 10 vor der Kneipe El Toro.*

4

Nur je zwei der drei Antworten passen zur Frage:

1. ¿Quedamos el jueves?

A	Perfecto, ¿a las ocho?	*Perfekt. Um acht?*
B	El jueves no puedo.	*Am Donnerstag kann ich nicht.*
C	Mejor a las ocho.	*Besser um acht.*

2. ¿Tienes ganas de ir al cine?

A	Lo siento, no puedo.	*Es tut mir leid, ich kann nicht.*
B	¿Qué tal?	*Wie geht's?*
C	De acuerdo.	*Einverstanden.*

3. ¿Dónde *wo* quedamos?

A	¿Delante del bar El Toro?	*Vor der Kneipe El Toro?*
B	¿A las ocho en el cine?	*Um acht im Kino?*
C	¿El lunes a las siete?	*Am Montag um sieben?*

4. ¿A qué hora quedamos?

A	¿En la Plaza Mayor?	*Auf der Plaza Mayor?*
B	¿A mediodía?	*Um zwölf Uhr mittags?*
C	¿Qué tal a las doce?	*Wie wär's um zwölf?*

LÖSUNG

4 1. AB; **2.** AC; **3.** AB; **4.** BC

2 lunes; martes; miércoles; jueves; viernes; sábado; domingo

Hier sehen Sie in unsortierter Folge die Präsensformen des Verbs **ir** *gehen*. Schreiben Sie jedes Wort hinter das passende Personalpronomen:

vamos ▪ van ▪ voy ▪ va ▪ vais ▪ vas

yo ______	nosotros / -as ______
tú ______	vosotros / -as ______
él / ella / Ud. ______	ellos / ellas / Uds. ______

Bei der Konjugation vieler spanischer Verben ändert sich der Stammvokal in einigen Formen zu einem Doppelvokal:

o → ue: **almorzar** *zu Mittag essen:* **almuerzo**, **almuerzas**, **almuerza**, **almorzamos**, **almorzáis**, **almuerzan**

acostarse *zu Bett gehen* **und poder** *können* werden nach demselben Modell wie **almorzar** konjugiert. Schaffen Sie das?

me acuesto	puedo
te ______	______
se ______	______
nos acostamos	______
os ______	podéis
se ______	______

7 § 4

Mit den folgenden Ausdrücken wird die Häufigkeit einer Aktion angegeben. Ordnen Sie sie der passenden Übersetzung zu:

1. nunca	___	**A** *einmal die Woche*
2. una vez al mes	___	**B** *jedes Wochenende*
3. una vez por semana	___	**C** *nie*
4. todos los fines de semana	___	**D** *jeden Tag*
5. tres veces por semana	___	**E** *immer*
6. todos los días	___	**F** *einmal pro Monat*
7. siempre	___	**G** *dreimal die Woche*

8

Machen Sie Angaben zu Ihren Gewohnheiten:

1. voy al cine
- nunca
- una vez al mes
- una vez por semana

2. veo la televisión
- nunca
- tres veces por semana
- todos los días

3. almuerzo fuera de casa
- nunca
- dos veces al mes
- siempre

4. hago deporte
- nunca
- una vez al mes
- dos veces por semana

LÖSUNG

5 voy; vas; va; vamos; vais; van • **6** acuestas; acuesta; acostáis; acuestan | puedes; puede; podemos; pueden • **7** 1C; 2F; 3A; 4B; 5G; 6D; 7E

8

Wegbeschreibung und Verkehr I

 33

Um Ortsangaben machen zu können, brauchen Sie die folgenden Ausdrücke:

al lado de / enfrente de	*neben / gegenüber*
cerca de / lejos de	*in der Nähe / weit weg*
detrás de / delante de	*hinter / vor*
en medio de / alrededor de	*in der Mitte / ringsherum*

Finden Sie die zum jeweiligen Satz passende Ortsangabe:

1. El museo *Museum* está ______________ (neben) la farmacia *Apotheke*.

2. El centro *Zentrum* de información está ______________ (gegenüber) la iglesia *Kirche*.

3. La plaza *Platz* Mayor está ______________ (rechts) cine *Kino*.

4. La fuente *Brunnen* está ______________ (in der Mitte) la plaza.

5. La estación central *Hauptbahnhof* está ______________ (weit weg) supermercado *Supermarkt*.

A enfrente de

B en medio de

C al lado de

D lejos del

E detrás del

3  34

Will man sagen, dass sich eine **bestimmte** Person oder Sache an einem Ort befindet, verwendet man **está(n)**.

El coche está en el garaje.	*Das Auto steht in der Garage.*
José y Ana están en casa.	*José und Ana sind zu Hause.*

Ist die Rede aber von einer **unbestimmten** Person oder Sache, so verwendet man **hay** *es gibt*.

Hay un coche en el garaje.	*In der Garage steht ein Auto.*
Hay alguien en casa.	*Irgendjemand ist zu Hause.*

LÖSUNG

2 1C; 2A; 3E; 4B; 5D

8 Wegbeschreibung und Verkehr I

Füllen Sie die Lücken mit **A hay, B está, C están:**

1. La gasolinera ________ en la calle Mayor.	*Die Tankstelle liegt an der Calle Mayor (~Hauptstraße).*
2. Perdone, ¿ ________ una gasolinera por aquí cerca?	*Entschuldigung. Gibt es hier in der Nähe eine Tankstelle?*
3. Los bares ________ en el barrio del Carmen.	*Die Kneipen befinden sich im Stadtviertel „del Carmen".*

5 35

Diese Begriffe sollten Sie kennen, um Wegbeschreibungen zu verstehen. Finden Sie die jeweils passende Übersetzung:

1. pasar el cruce	____	**A**	*den Platz überqueren*
2. torcer a mano izquierda	____	**B**	*die Kreuzung überqueren*
3. ir todo recto hasta el puente	____	**C**	*an der Haltestelle Tribunal aussteigen*
4. cruzar la plaza	____	**D**	*nach rechts abbiegen*
5. en la segunda calle volver atrás	____	**E**	*immer geradeaus gehen, bis zur Brücke*
6. bajar en la parada Tribunal	____	**F**	*an der zweiten Straße (im spitzen Winkel) zurückgehen.*
7. girar a la derecha	____	**G**	*nach links abbiegen*

 36

Ordnen Sie die Skizzen den Anweisungen zu:

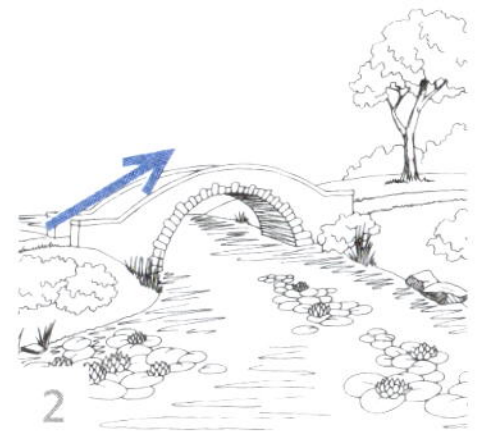

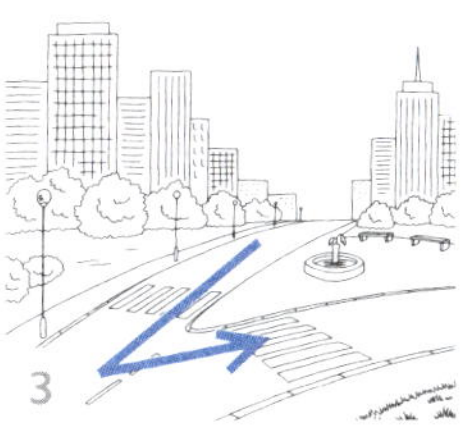

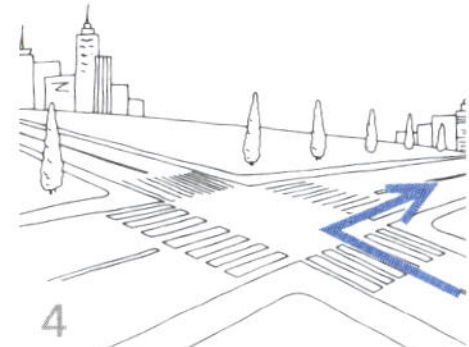

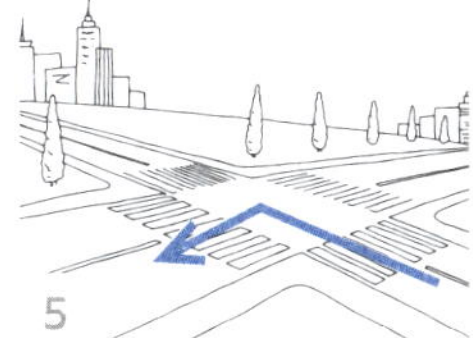

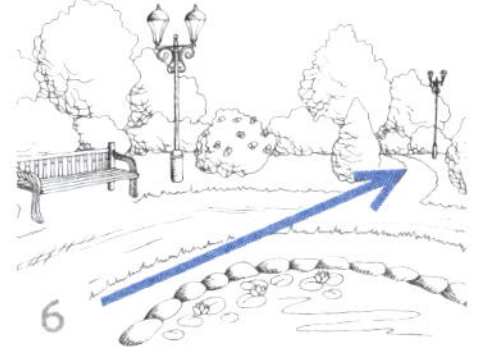

____ **A** torcer en la primera calle a mano derecha

____ **B** ir todo recto hasta la plaza

____ **C** cruzar el puente

____ **D** girar en la primera calle

____ **E** cruzar la plaza

____ **F** torcer en la primera calle a mano izquierda

LÖSUNG

4 1B; 2A; 3C • **5** 1B; 2G; 3E; 4A; 5F; 6C; 7D • **6** 1B; 2C; 3D; 4A; 5F; 6E

Wegbeschreibung und Verkehr II

Neben den bereits behandelten Verben auf -**ar** und -**er** gibt es noch solche, deren Infinitiv auf -**ir** endet:

vivir *leben*

vivo, vives, vive, vivimos, vivís, viven

Die folgenden Verben werden nach demselben Muster konjugiert:

abrir: abro, abres... *öffnen*

escribir: escribo, escribes... *schreiben*

Die wenigsten Verben auf -**ir** werden komplett regelmäßig konjugiert. Häufig sind Veränderungen des Stammvokals und die Endung -**go** in der ersten Person Singular:

e → i: **seguir** *folgen*

sigo, sigues, sigue, seguimos, seguís, siguen

e → ie: **venir** *kommen*

vengo, vienes, viene, venimos, venís, vienen

o → ue: **dormir** *schlafen*

duermo, duermes, duerme, dormimos, dormís, duermen

Denken Sie daran: g vor **a**, **o** und **u** wird wie dt. *g* ausgesprochen. **gue** und **gui** werden wie dt. *ge* und *gi* ausgesprochen. In der ersten Person Singular von **seguir**, **sigo**, ist folglich kein **u** nach dem **g** nötig, damit dieses wie dt. *g* ausgesprochen wird.

3

Füllen Sie die Lücken mit den korrekten Formen:

pedir *bitten*	morir *sterben*
pido	________
________	________
pide	muere
pedimos	morimos
________	________
________	mueren

4  **37**

Füllen Sie die Lücken mit der passenden Form des Verbs in Klammern:

1. Perdone, ¿hay un banco *Bank* por aquí *hier* cerca?

– Sí, usted ________ esta calle todo recto. (seguir)

2. Nosotros ________ al cine enfrente de la farmacia. (ir)

3. Eva ________ de la farmacia. Está un poco enferma *krank*. (venir)

LÖSUNG

3 pedir: pides, pedís, piden; morir: muero, mueres, morís •

4 1. sigue; **2.** vamos; **3.** viene

9 Wegbeschreibung und Verkehr II

Wie heißen die unterschiedlichen Verkehrsmittel auf Spanisch? Ordnen Sie jedem Bild die richtige Bezeichnung zu:

____ **A** la moto(cicleta)	____ **B** el tranvía	____ **C** el avión
____ **D** el autobús	____ **E** la bicicleta	____ **F** el taxi
____ **G** el tren	____ **H** el camión	____ **I** el coche

6 

Das Wort *nehmen*, im Sinne von *ein Taxi, die U-Bahn … nehmen* wird im Spanischen mit **tomar** ausgedrückt:

Tomamos el metro. *Wir nehmen die U-Bahn.*

ir + **en** bedeutet *fahren (oder auch fliegen)* ganz allgemein.

Voy en coche. *Ich fahre mit dem Auto.*
Vamos en avión. *Wir nehmen das Flugzeug.*

Geht man aber zu Fuß, wird **ir** + **a** verwendet:

Ana va a pie. *Ana geht zu Fuß.*

Füllen Sie die Lücken mit den folgenden Begriffen:

A la línea • **B** desde • **C** cambiar • **D** bajar en • **E** dirección

Para ir **1** ________________ Avenida de América hasta el aeropuerto de Barajas tiene que tomar **2** ________________ 9 en **3** ________________ a Herrera Oria. Después de tres estaciones tiene que **4** ________________ a la línea 8 en dirección a Barajas y **5** ________________ la tercera estación, Aeropuerto.

LÖSUNG

5 1E; 2C; 3G; 4B; 5I; 6A; 7F; 8D; 9H; • **7** 1B; 2A; 3E; 4C; 5D

Im Restaurant 41

¿Qué le pongo?
Was darf ich Ihnen bringen?

Le recomiendo la paella con un vino tinto.
Ich empfehle Ihnen die Paella mit einem Rotwein.

De primero, una ensalada mixta. ¿Qué me recomienda de segundo?
Als Vorspeise einen gemischten Salat. Was empfehlen Sie mir als Hauptspeise?

Muy bien. Y de postre me gustaría comer un helado de chocolate.
Sehr gut. Und als Nachspeise hätte ich gerne ein Schokoeis.

42

gustar	mögen
preferir	bevorzugen
apetecer	Lust haben
desear	wünschen

la comida	Essen
el camarero	Kellner
la carta	(Speise)Karte
traer	bringen
recomendar	empfehlen

la ensalada	Salat	**el pastel**	Kuchen
la sopa	Suppe	**el helado**	Eis
las patatas fritas	Pommes frites	**el vino**	Wein
la carne	Fleisch	**la cerveza**	Bier
el pescado	Fisch	**el agua**	Wasser
la salsa	Soße	**la botella**	Flasche

¿Qué tal la comida? - Está...

picante	scharf	**dulce**	süß
amargo/-a	bitter	**soso/-a**	fade
salado/-a	salzig	**riquísimo/-a**	sehr lecker

43

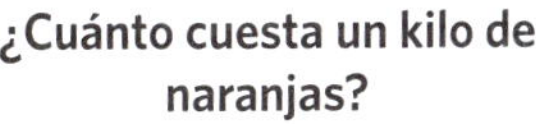

¿Cuánto cuesta un kilo de naranjas?
Was kostet ein Kilo Orangen?

Las naranjas cuestan 90 céntimos el kilo. ¿Le pongo uno?
Das Kilo Orangen kostet 90ct. Möchten Sie eines?

Sí, deme uno. Y medio kilo de patatas.
Ja, geben Sie mir eins. Und ein halbes Kilo Kartoffeln.

¿Quiere algo más?
Möchten Sie noch etwas?

No, gracias. ¿Cuánto es?
Nein, danke. Wie viel macht das?

Lebensmittel einkaufen  44

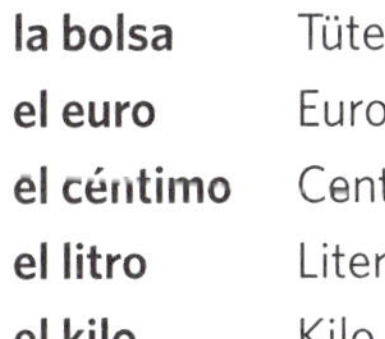

la bolsa	Tüte
el euro	Euro
el céntimo	Cent
el litro	Liter
el kilo	Kilo

la manzana	Apfel	**el pimiento**	Paprika
la naranja	Orange	**la patata**	Kartoffel
el limón	Zitrone	**el huevo**	Ei
el plátano	Banane	**el queso**	Käse
el arroz	Reis	**el jamón**	Schinken
el pan	Brot	**la leche**	Milch

10 Im Restaurant

  45 

Bei den hervorgehobenen Wörtern in den folgenden Sätzen handelt es sich um Objektpronomen:

¿Qué nos recomienda? — *Was empfehlen Sie uns?*

¿Qué le pongo? — *Was darf ich Ihnen bringen?*

¿Dónde está el camarero? No lo veo. — *Wo ist der Kellner? Ich sehe ihn nicht.*

– ¿Qué desea? – Tráigame la carta, por favor. — *Was wünschen Sie? – Bringen Sie mir bitte die Karte.*

Os invito a una cerveza. — *Ich lade euch zu einem Bier ein.*

De entrante te recomiendo una ensalada. — *Als Vorspeise empfehle ich dir einen Salat.*

Mit **gustar** *mögen* und **preferir** *bevorzugen* bringen Sie Wünsche und Vorlieben zum Ausdruck:

Me gusta el pollo con patatas fritas. — *Ich mag Hähnchen mit Pommes frites.*

Me gusta la buena comida. — *Ich mag gutes Essen.*

Yo prefiero el solomillo de ternera. — *Ich bevorzuge Kalbsfilet.*

Preferimos comer pescado. — *Wir essen lieber Fisch.*

Beachten Sie den Vokalwechsel **e → ie** beim Verb **preferir**:

prefiero, prefieres, prefiere, preferimos, preferís, prefieren

Kreuzen Sie bitte die richtige Übersetzung an:

1. *Sie bitten den Kellner um eine Empfehlung:*
   - **A** ¿Qué nos puede recomendar?
   - **B** ¿Qué desea?
   - **C** Quiero un entrante.

2. *Sie möchten einen Salat als Vorspeise bestellen:*
   - **A** De segundo, una ensalada.
   - **B** De primero, una ensalada.
   - **C** ¿Prefieres un vino blanco?

3. *Sie möchten Kalbfleisch als Hauptspeise bestellen:*
   - **A** Me trae solomillo de ternera.
   - **B** De primero, sopa de pescado.
   - **C** Yo quiero de segundo pollo con patatas fritas.

LÖSUNG

3 1A; 2B; 3A

4

Unterstreichen Sie in den folgenden Sätzen die jeweils korrekte Form von **gustar** und **preferir**:

1. Me **A** gusto / **B** gusta / **C** gustan el pescado, pero *aber*
A prefiero / **B** prefieres / **C** prefiere carne *Fleisch*.

2. Nos **A** gustan / **B** gustas / **C** gusta el vino *Wein*, pero hoy *heute*
A preferís / **B** preferimos / **C** prefiere beber agua *Wasser*.

5

Um im Restaurant etwas zu bestellen, kann man auch **querer** *mögen* oder **apetecer** *Lust haben* benutzen:

Quiero / Nos apetece	**beber vino tinto** *Rotwein*. **una botella** *Flasche* **de vino tinto.**

6

Setzen Sie die richtigen Formen von **querer** und **apetecer** ein:

1. Me ______________ tomar un helado *ein Eis essen*.

2. ¿Tú ______________ una ensalada mixta?

7 47 § 16

Eigenschaften von Speisen und Getränken werden mit **estar** beschrieben:

Esta salsa está picante.	*Diese Soße ist scharf.*
La sopa está caliente / fría.	*Die Suppe ist heiß / kalt.*

El café **está** **amargo. No me gusta. / Me gusta.** — *Der Kaffee ist bitter. Er schmeckt mir (nicht).*

El pescado **está** **picante. Me gusta,** **está** **riquísimo. / No me gusta nada.** — *Der Fisch ist scharf. Er schmeckt mir; er ist sehr lecker. / Er schmeckt mir überhaupt nicht.*

El helado **está** **frío, no me gusta. / Me gusta mucho.** — *Das Eis ist kalt und schmeckt mir nicht. / schmeckt mir sehr.*

Verbinden Sie die zusammenpassenden Satzhälften:

1. El pastel *Kuchen* está...	___	**A**	...soso. *fade*
2. La sopa *Suppe* está...	___	**B**	...salada. *salzig*
3. El pescado no tiene sal, está...	___	**C**	...dulce *süß*, con mucho azúcar.

Tapas sind sehr kleine, schmackhafte Gerichte. Zieht man gemeinsam mit Freunden durch Tapas-Bars und lässt sich von der unendlichen Vielfalt der **tapas** auf das eigentliche Essen einstimmen, dann nennt man dies **tapear**. So klingt der Arbeitstag gemütlich bei einem Glas *Sherry* **jerez**, *Bier* **cerveza** oder *Wein* **vino** und vielfältigen Gaumenfreuden aus.

LÖSUNG

4 1BA; 2CB • **6 1.** apetece; **2.** quieres • **8** 1C; 2B; 3A

11 Lebensmittel einkaufen

1  49

Ordnen Sie die folgenden Bezeichnungen für Obst und Gemüse den passenden Bildern zu. Wenn Sie unsicher sind, hilft Ihnen der Lektionswortschatz weiter:

____ **A** limones ____ **B** zanahorias ____ **C** naranjas

____ **D** manzanas ____ **E** plátanos ____ **F** ajos

____ **G** lechugas ____ **H** pimientos

Mengenangaben werden stets mit der Präposition **de** gemacht:

un kilo de tomates	*ein Kilo Tomaten*
cien gramos de jamón	*hundert Gramm Schinken*
medio litro de leche	*ein halber Liter Milch*
una botella de jerez	*eine Flasche Cherry*

So fragen Sie nach dem Preis:

¿Cuánto vale(n)...? **¿Cuánto cuesta(n)...?**	*Was kostet / -n ...?*
¿Cuánto es?	*Wie viel macht das?*

4

Formulierungen, denen Sie beim Einkaufen häufig begegnen:

¿Qué desea? ¿Qué le pongo?	*Was wünschen Sie? / Was gebe ich Ihnen?*
¿Le pongo medio kilo?	*Soll ich Ihnen ein halbes Kilo geben?*
¿Quiere algo más?	*Darf es sonst noch etwas sein?*
Deme... / Quiero...	*Geben Sie mir ... / Ich möchte ...*

LÖSUNG

1 1C; 2A; 3H; 4E; 5G; 6F; 7B; 8D

Ordnen Sie jedem Satz eine sinnvolle Entgegnung zu:

1. ¿Qué desea?	____ **A** Los plátanos cuestan 80 céntimos el kilo.
2. ¿Quiere algo más?	____ **B** Quiero un kilo de peras, por favor.
3. ¿Cuánto son los plátanos?	____ **C** Sí, deme un kilo de manzanas, por favor.
4. Estas manzanas son muy buenas, ¿le pongo un kilo?	____ **D** No gracias, eso es todo. ¿Cuánto es?

Ordnen Sie die Sätze den passenden Bildern zu:

1

2

3

4

____ **A** Una barra de pan cuesta 0,95 euros.

____ **B** Dos paquetes de arroz cuestan 3,10 euros.

____ **C** Un brik de leche cuesta 0,82 euros.

____ **D** Media docena de huevos y un paquete de sal valen 2,25 euros.

7

In welcher Verpackung sind die Produkte normalerweise zu kaufen? Bilden Sie sinnvolle Paare:

1. los cigarrillos	___	**A** la lata *(Dose)*
2. la cerveza	___	**B** la bolsa *(Tüte)*
3. los huevos	___	**C** la botella *(Flasche)*
4. el vino	___	**D** la cajetilla *(Schachtel)*
5. las patatas fritas	___	**E** el (tetra)brik® *(Tetra Pak®)*
6. la leche	___	**F** cartón *(Karton)*

8  **51**

In der Wortschlange stecken die Namen von vier Lebensmittelgeschäften:

a h p e s c a d e r í a h m m v e r d u l e r í a o h c a
r n i c e r í a n a m n a m q u e s e r í a

1

2

3

4

1. ______________________ **3.** ______________________

2. ______________________ **4.** ______________________

LÖSUNG

5 1B; 2C; 3A; 4D • **6** 1B; 2C; 3D; 4A • **7** 1D; 2A; 3F; 4C; 5B; 6E •
8 **1.** pescadería; **2.** verdulería; **3.** carnicería; **4.** quesería

MITREDEN!

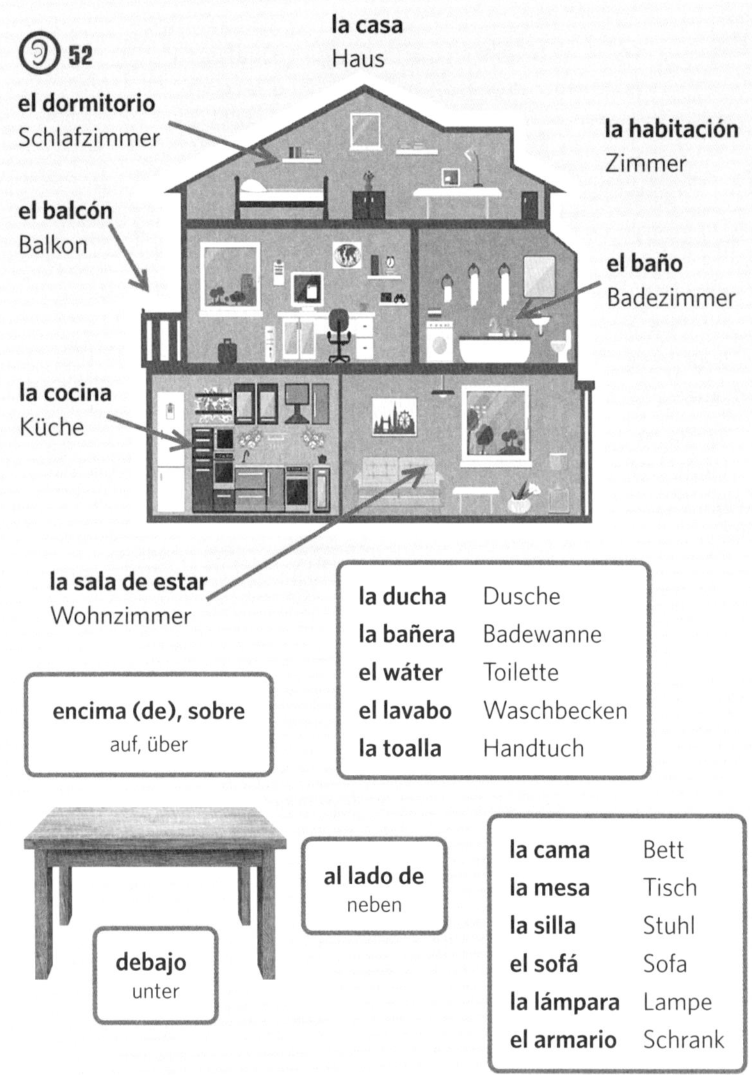

la ducha	Dusche
la bañera	Badewanne
el wáter	Toilette
el lavabo	Waschbecken
la toalla	Handtuch

encima (de), sobre
auf, über

al lado de
neben

debajo
unter

la cama	Bett
la mesa	Tisch
la silla	Stuhl
el sofá	Sofa
la lámpara	Lampe
el armario	Schrank

53

c/	calle
n.º / nro.	número
Avda.	avenida
Pza.	plaza

primero/-a	erste/r
segundo/-a	zweite/r
tercero/-a	dritte/r
cuarto/-a	vierte/r
quinto/-a	fünfte/r
sexto/-a	sechste/r
séptimo/-a	siebte/r
octavo/-a	achte/r
noveno/-a	neunte/r
décimo/-a	zehnte/r

¿Cuál es tu dirección?
Wie lautet deine Adresse?

c / Sagasta n.º 23
4º 3ª
Es decir, vivo en la calle Sagasta número 23, en el cuarto piso, tercera puerta.

54

la dirección	Adresse	**alquilar**	mieten
el piso	Stockwerk, Wohnung	**el precio**	Preis
el apartamento	Wohnung,	**el alquiler**	die Miete
la puerta	Tür	**los muebles**	Möbel
la entrada	Eingang	**amueblado/-a**	möbliert
el pasillo	Flur	**sin amueblar**	unmöbliert
la calle	Straße	**renovado/-a**	renoviert
la avenida	Straße, Allee		

Eine Wohnung mieten

Die meisten Spanier leben in *Eigentumswohnungen* **pisos propios**. Die wenigsten *mieten* **alquilar** ein *Haus* **casa** oder eine *Wohnung* **piso**. Viele spanische Familien besitzen ein *Wochenendhaus* **casa para pasar el fin de semana** *auf dem Land* **en el campo** oder *am Meer* **en la costa / en la playa**.

2

Ordnen Sie die spanischen Bezeichnungen den passenden Bildern zu.

1

2

3

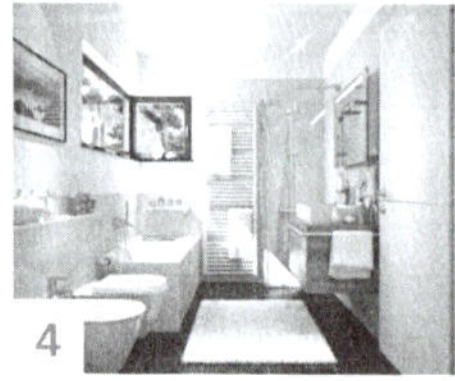
4

5

6

___ **A** el pasillo ___ **B** la cocina ___ **C** la sala de estar

___ **D** el dormitorio ___ **E** el baño ___ **F** el balcón

3

Hier sehen Sie nützliche Wendungen, um über eine Wohnung zu reden. Welches ist die korrekte Übersetzung?

1. La casa es grande y luminosa. ____

2. La sala de estar tiene vista al jardín. ____

3. El cuarto de baño tiene ducha y bañera. ____

4. ¿Y cuánto es el alquiler? ____

A *Das Badezimmer hat Dusche und Wanne.*

B *Und wie hoch ist die Miete?*

C *Vom Wohnzimmer blickt man auf den Garten hinaus.*

D *Das Haus ist groß und hell.*

Wenn Sie die Buchstabenkette an den richtigen Stellen zerteilen, erhalten Sie die spanischen Bezeichnungen für einige Einrichtungsgegenstände:

m e s a a r m a r i o l á m p a r a s o f á s i l l a c a m a c a l e f a c c i ó n s i l l ó n

1. *Tisch* – la ________

2. *Schrank* – el ________

3. *Lampe* – la ________

4. *Sofa* – el ________

5. *Stuhl* – la ________

6. *Bett* – la ________

7. *Heizung* – la ________

8. *Sessel* – el ________

LÖSUNG

2 1C; 2B; 3A; 4E; 5F; 6D • **3** 1D; 2C; 3A; 4B • **4** **1.** mesa; **2.** armario; **3.** lámpara; **4.** sofá; **5.** silla; **6.** cama; **7.** calefacción; **8.** sillón

Nur eine der jeweils zwei Antworten hat Sinn. Welche?

1. ¿Le gusta el dormitorio?
- **A** Tiene una mesa y cuatro sillas.
- **B** Sí, es muy grande y luminoso.

2. ¿Cuándo puedo pasar?
- **A** A las siete en punto.
- **B** Sí, la cama es grande.

3. ¿Cuánto es el alquiler?
- **A** No, no me gusta.
- **B** El alquiler son 555 euros por mes.

4. ¿Podemos ver los dormitorios?
- **A** Sí, pasen, pasen.
- **B** Entonces a las cinco.

Setzen Sie in die Lücken die korrekten Präpositionen ein:

A al lado de *neben* • **B entre** *zwischen* • **C encima** *auf* •
D sobre *auf* • **E de** *von*

1. El secador de pelo está ________ del lavabo. — *Der Föhn liegt auf dem Waschbecken.*

2. El wáter está ________ la bañera. *Die Toilette ist neben der Badewanne.*

3. Los productos de aseo están ________ la repisa. *Die Körperpflegeprodukte sind auf der Ablage.*

4. El espejo cuelga ________ la pared. *Der Spiegel hängt an der Wand.*

5. La toalla está ________ el armario y el lavabo. *Das Handtuch hängt zwischen Schrank und Waschbecken.*

7 55

Setzen Sie die Fragepronomen in die passenden Lücken:

A dónde (2 x) *wo* • **B cuánto** *wie viel* • **C qué** *was* •
D cuándo *wann* • **E cuántas** *wie viele*

1. ¿________ habitaciones *Zimmer* tiene tu casa?

2. ¿________ hay en tu sala de estar?

3. Perdona, ¿________ está el baño?

4. ¿________ es el alquiler *Miete*?

5. ¿________ podemos pasar a ver la casa?

6. ¿________ está el jardín?

LÖSUNG

5 1B; 2A; 3B; 4A • **6** 1C; 2A; 3D; 4E; 5B • **7** 1E; 2C; 3A; 4B; 5D; 6A

13 Adressen und Wohnungsbeschreibung

Die Ordnungszahlen **primero / -a**, **segundo / -a**, **tercero / -a...** *erste(r)*, *zweite(r)*, *dritte(r)* ... brauchen Sie um z. B. Adressen anzugeben:

José Guerrero
c / Sauce nro. 30
6º 4ª

c / = **calle** *Straße*; **nro.** = **número** *Nummer*
6º = **sexto piso** *sechster Stock*
4ª = **cuarta puerta** *vierte Tür*

2

Ordnen Sie die Ordnungszahlen den Abkürzungen zu:

A cuarto / -a
B sexto / -a
C segundo / -a
D décimo / -a
E tercero / -a
F noveno / -a
G quinto / -a
H octavo / -a
I primero / -a
J séptimo / -a

Erinnern Sie sich an die Grundzahlen, dann wird Ihnen diese Übung leicht von der Hand gehen: **uno, dos, tres, cuatro, cinco, seis, siete, ocho, nueve, diez**

1º / 1ª ____________
2º / 2ª ____________
3º / 3ª ____________
4º / 4ª ____________
5º / 5ª ____________
6º / 6ª ____________
7º / 7ª ____________
8º / 8ª ____________
9º / 9ª ____________
10º / 10ª ____________

3

Weitere Abkürzungen im Zusammenhang mit Adressangaben:

Avda. = **Avenida** *Straße, Allee*

Pza. = **Plaza** *Platz*

dcha. = **derecha** *rechts*

izqda. = **izquierda** *links*

4

Hier sehen Sie vier Briefkastenschilder. Ordnen Sie jedem die passende Aussage zu:

Pablo Hernández Ruiz
Maria Jurado Pérez
4° 4ª

1 ______

Carmen Palomo Suárez
Manuel Vendrell Jiménez
7° 1ª

2 ______

Berta Garcia Romero
Luisa Andrade Gil
10° 3ª

3 ______

Sres. GONZÁLES RUBIO
8° dcha.

4 ______

A Berta vive en el décimo tercera.

B El Sr. Hernández vive en el cuarto cuarta.

C La familia González vive en el octavo derecha.

D Manuel Vendrell vive en el séptimo primera.

LÖSUNG

2 1-primero / -a; 2-segundo / -a; 3-tercero / -a; 4-cuarto / -a; 5-quinto / -a; 6-sexto / -a; 7-séptimo / -a; 8-octavo / -a; 9-noveno / -a; 10-décimo / -a • **4** 1B; 2D; 3A; 4C

Mit **más** *mehr* / **menos** *weniger* + Adjektiv + **que** *als* und **tan** *so* + Adjektiv + **como** *wie* werden Eigenschaften miteinander verglichen:

Mi jardín es más tranquilo que el parque.	*Mein Garten ist ruhiger als der Park.*
Mi jardín es tan tranquilo como el parque.	*Mein Garten ist genauso ruhig wie der Park.*
Mi jardín es menos tranquilo que el parque.	*Mein Garten ist weniger ruhig als der Park.*

Hier wird die Wohnung A mit der Wohnung B verglichen. Ordnen Sie jeder Aussage die passende Übersetzung zu:

1. El piso A es más nuevo que el piso B.	___	**A** *Die Küche von A ist weniger hell als die Küche von B.*
2. El dormitorio de A es más grande que el dormitorio de B.	___	**B** *Die Wohnung A ist neuer als die Wohnung B.*
3. La cocina de A es menos luminosa que la cocina de B.	___	**C** *Das Schlafzimmer von A ist größer als das Schlafzimmer von B.*

7

Vergleichen Sie die Wohnungen, die in den beiden Anzeigen beschrieben werden. Der Lektionswortschatz hilft Ihnen:

Se vende: 4° piso, nuevo,
en Benicasim, superficie 80m²;
3 habitaciones, 1 baño,
garaje, terraze.
Sin amueblar.
Con vistas al mar
(500 m de la playa),
zona tranquila.
Precio: a convenir.
A

Se vende: apartamento en
Almazora, 2° piso sin ascensor,
65m², dormitorio, 1 baño,
(renovado) con ducha,
terraza grande, a pie de playa.
Amueblado.
Precio: a convenir.
B

1. El piso B es ________ pequeño ________ el piso A.

2. El piso B es ________ nuevo ________ el A.

3. El piso B está ________ cerca de la playa ________ el A.

LÖSUNG

6 1B; 2C; 3A • **7** **1.** más – que; **2.** menos – que; **3.** tan – como

14 Datum und Geburtstag

So fragen Sie nach dem Alter:

¿Cuántos años tiene(s)?	*Wie alt sind Sie / bist du?*
¿Cuántos años tiene Lola?	*Wie alt ist Lola?*

Die Antwort kann dann so lauten:

(Yo) tengo 27 años.	*Ich bin 27.*
Lola tiene 53 años.	*Lola ist 53.*

2

____

¿Cuántos años tiene tu mejor *bester* amigo?

Mi mejor amigo ______________________.

Um zu erfahren, wann jemand Geburtstag hat, fragen Sie:

¿Cuándo es tu / su cumpleaños?	*Wann ist dein / Ihr Geburtstag?*

Die Antwort kann dann lauten:

Mi cumpleaños es el 10 de enero.	*Mein Geburtstag ist der 10. Januar.*

In der folgenden Buchstabenreihe stecken die spanischen Namen für die zwölf Monate. Gelingt es Ihnen, die Kette aufzuspalten und die Monate den deutschen Namen zuzuordnen?

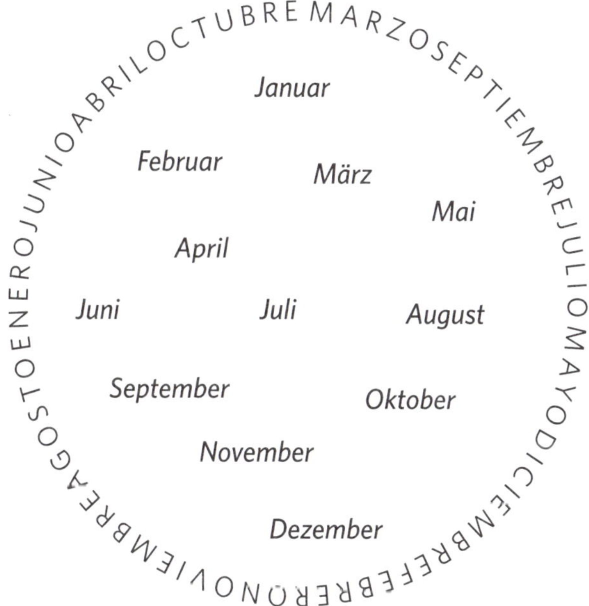

5

¡Feliz cumpleaños!
Herzlichen Glückwunsch zum Geburtstag!

LÖSUNG

4 enero, febrero, marzo, abril, mayo, junio, julio, agosto, septiembre, octubre, noviembre, diciembre

Lernen Sie einige Zeitadverbien kennen:

hoy *heute*, **mañana** *morgen*, **pasado mañana** *übermorgen*, **ayer** *gestern*, **todavía** *noch*, **pronto** *bald*, **ya** *schon*.

Auf jede der drei Fragen passt nur eine Antwort. Finden Sie sie heraus:

1. ¿Cuántos años tiene Carmen?

2. ¿Cuándo es tu cumpleaños, Alberto?

3. ¿Cuándo vienen los Reyes Magos?

___ **A** Siempre.
___ **B** Pasado mañana, el 4 de julio.
___ **C** En 1954.
___ **D** Ya *schon* tiene 82 años.
___ **E** Vienen el 6 de enero.
___ **F** Todos los días.

8

Schreiben Sie in die Lücken die jeweils passende Buchstabenfolge und Sie erhalten die spanischen Bezeichnungen für die vier Jahreszeiten:

A v e r	**1.** la prima ________	*Frühling*
B v e r a	**2.** el ________ ano	*Sommer*
C e r n o	**3.** el o ________ o	*Herbst*
D t o ñ	**4.** el invi ________	*Winter*

Mit einer Form von **ir** + **a** + Infinitiv drückt man etwas aus, das in naher Zukunft geschehen wird:

Voy a comer enseguida.	*Ich werde gleich essen.*
Mañana vamos a celebrar una fiesta.	*Morgen werden wir ein Fest feiern.*

Hier sehen Sie zur Wiederholung die Präsensformen von **ir**: **voy, vas, va, vamos, vais, van**

10

Freunde planen für Lola eine Überraschungsparty. Füllen Sie die Lücken mit der korrekten Form von **ir** + **a** + **Infinitiv** des passenden Verbs:

hacer *machen* (hier = *backen*) • **comprar** *kaufen* • **llamar** *anrufen* • **escribir** *schreiben*

1. Ana ________________ la felicitación *Glückwunsch*.

2. Javier y Tea ________________ el regalo *Geschenk*.

3. La madre de Lola ________________ por teléfono.

4. Yo ________________ una tarta de cumpleaños.

LÖSUNG

7 1D; 2B; 3E; • **8** 1B; 2A; 3D; 4C • **10 1.** va a escribir; **2.** van a comprar; **3.** va a llamar; **4.** voy a hacer

Datum und Geburtstag 

¿Cuándo es tu cumpleaños?

Mi cumpleaños es el 15 de febrero.

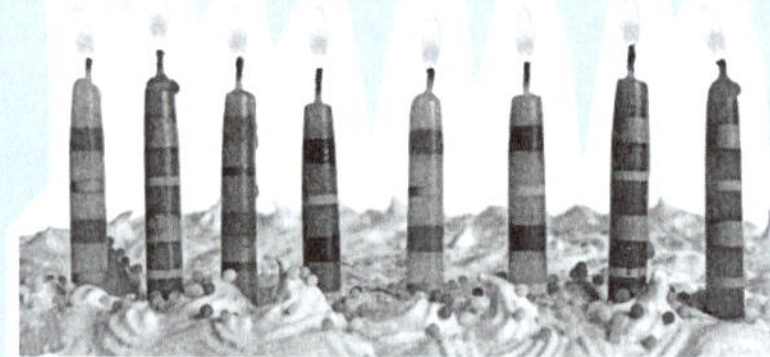

enero	Januar
febrero	Februar
marzo	März
abril	April
mayo	Mai
junio	Juni
julio	Juli
agosto	August
septiembre	September
octubre	Oktober
noviembre	November
diciembre	Dezember

la primavera
Frühling

el verano
Sommer

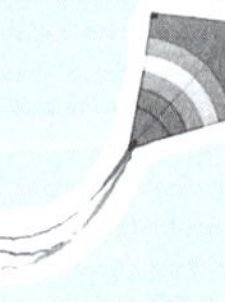

el otoño
Herbst

el invierno
Winter

todavía	noch
pronto	bald
ya	schon
enseguida	sofort
ayer	gestern
hoy	heute
mañana	morgen

la fiesta	Fest, Party
la felicitación	Glückwunsch
el regalo	Geschenk
la tarta	Torte

Hobbys und Sport

 61

A mí me gusta bailar.
Ich tanze gerne. / Mir gefällt es, zu tanzen.

No sé bailar, pero me gustaría aprender.
Ich kann nicht tanzen, aber ich würde es gerne lernen.

poder	können
saber	wissen, können (es verstehen, etw. zu tun)

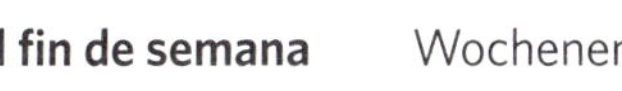

el fin de semana	Wochenende
el tiempo libre	Freizeit
el deporte	Sport
la excursión	Ausflug

nadar	schwimmen	**las aficiones**	Hobbys
esquiar	Ski laufen	**viajar**	reisen
bailar	tanzen	**leer**	lesen
bucear	tauchen	**ir al cine**	ins Kino gehen
escalar	klettern	**salir**	ausgehen

15 Sport und Freizeitaktivitäten

So fragen Sie, was man am kommenden Wochenende unternehmen wird bzw. was man an einem bestimmten Ort unternehmen kann:

¿Qué vamos a hacer el fin de semana?	*Was werden wir am Wochenende machen?*
¿Qué se puede hacer en Valencia?	*Was kann man in Valencia machen?*

Ordnen Sie die Freizeitbeschäftigungen den Bildern zu:

1

2

3

4

5

6

___ **A** jugar al tenis ___ **B** viajar ___ **C** ir a nadar

___ **D** bucear ___ **E** ir a bailar ___ **F** ir al cine

3

Die Verben **poder** (**puedo**, **puedes**, **puede**, **podemos**, **podéis**, **pueden**) und **saber** (**sé**, **sabes**, **sabe**, **sabemos**, **sabéis**, **saben**) werden bisweilen beide mit *können* übersetzt und doch haben sie unterschiedliche Bedeutungen:

poder bedeutet *können* im Sinne von *im Augenblick im Stande sein, etwas zu tun*.

saber bedeutet *wissen* und *können* im Sinne von *prinzipiell im Stande sein, etwas zu tun*.

Puedo preparar una paella para la cena.	*Ich kann zum Abendessen eine Paella zubereiten.*
Sé preparar una buena paella.	*Ich verstehe es, eine gute Paella zuzubereiten.*

4

Setzen Sie die passende Form von **saber** oder **poder** ein:

1. ¿Tu hermano ________ esquiar?	*Kann dein Bruder Ski laufen?*
2. Los chicos no ________ ir a nadar. Están enfermos.	*Die Kinder können nicht schwimmen gehen. Sie sind krank.*
3. Mis padres ________ hablar francés.	*Meine Eltern können Französisch.*

LÖSUNG

2 1D; 2B; 3C; 4F; 5A; 6E • **4 1.** sabe; **2.** pueden; **3.** saben

5

Ordnen Sie jeder Frage die passende Antwort zu:

1. ¿Sabes bucear?	___	**A** ¡Qué horror *Wie schrecklich*! Le tengo miedo *Angst* a las alturas *Höhen*.
2. ¿Te gusta escalar *klettern*?	___	**B** Nos gusta nadar y hacer senderismo *wandern*.
3. ¿Qué hacemos este fin de semana?	___	**C** Vamos a hacer una excursion *Ausflug*.
4. ¿Cuáles son vuestras aficiones *Hobbys?*	___	**D** No, no sé bucear, pero me gustaría aprender *lernen*.

6

So verleihen Sie Ihren Wünschen höflich Ausdruck:

Quería / Me gustaría	+ **Infinitiv**	*Ich würde gerne ...*
Me apetecería		*Ich hätte Lust ...*

7

Füllen Sie die Lücken in den Antworten:

1. ¿Qué le gustaría hacer este fin de semana a usted?

– Este fin de semana ______________ salir a cenar.

2. ¿Dónde le apetecería viajar a usted?

– ______________ viajar a Argentina.

3. ¿Qué deporte quería practicar usted?

– ______________________ bucear.

8 § 6

Durch das Steigern von Adjektiven verleiht man dem Gesagten besonderen Nachdruck:

un libro caro, una casa cara – *ein teures Buch / Haus*

un libro muy caro, una casa muy cara – *ein sehr teures Buch / Haus*

un libro carísimo, una casa carísima – *ein sehr, sehr teures Buch / Haus*

el libro más caro, la casa más cara – *das teuerste Buch / Haus*

9

Steigern Sie die beiden folgenden Adjektive:

un coche rápido - un coche ________________

un coche __________ – ____ coche ________________

una mujer bella - una mujer ________________

una mujer __________ – ____ mujer ________________

LÖSUNG

5 1D; 2A; 3C; 4B • **6** 1B; • **7 1.** me gustaría; **2.** Me apetecería; **3.** Quería •
9 muy rápido, rapidísimo, el más rápido; muy bella, bellísima, la más bella

Kleidung 62

la talla	Größe
el probador	Umkleide
el precio	Preis
caro/-a	teuer
barato/-a	billig

estrecho/-a	eng
ancho/-a	weit
pequeño/-a	klein
grande	groß
bien	gut
mal	schlecht

nuevo/-a	neu
viejo/-a	alt
usado /-a	gebraucht

¿Vas a comprar los zapatos?
Wirst du die Schuhe kaufen?

No, me quedan estrechos.
Nein, sie sind mir zu eng.

¿Y el vestido? El color te queda bien.
Und das Kleid? Die Farbe steht dir gut.

Sí, lo compro.
Ja, ich kaufe es.

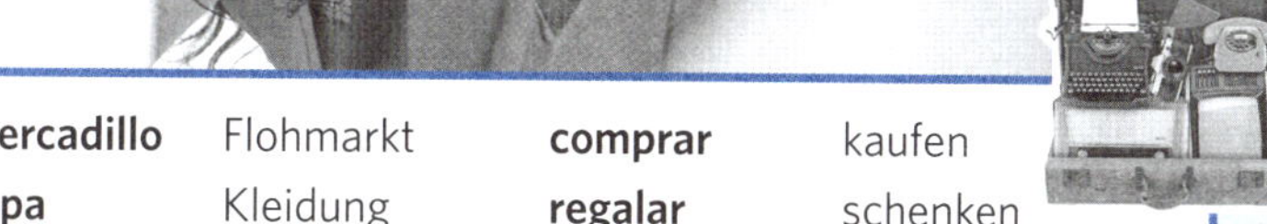

el mercadillo	Flohmarkt	**comprar**	kaufen
la ropa	Kleidung	**regalar**	schenken
el libro	Buch	**pagar**	bezahlen
la música	Musik	**en efectivo**	bar
los muebles	Möbel	**con tarjeta**	mit Karte
la herramienta	Werkzeug	**el descuento**	Preisnachlass

gustar	gefallen, mögen
encantar	sehr mogen
querer	wollen
preferir	bevorzugen

Me gusta la ropa usada.
Ich mag gebrauchte Kleidung

Quiero esta camisa.
Ich möchte dieses Hemd.

Me encantan los muebles viejos.
Ich mag alte Möbel sehr.

Prefiero los muebles nuevos.
Ich bevorzuge neue Möbel.

16 Shoppen und Kleidung

1  64  18

Mit der folgenden Konstruktion bringen Sie zum Ausdruck, wie jemandem ein *Kleidungsstück* **prenda de vestir** steht: *Objektpronomen* + **quedar** + *Adjektiv* oder **bien / mal**

La camisa te / le queda bien.	*Das Hemd steht dir / Ihnen.*
Los zapatos me quedan grandes / estrechos.	*Die Schuhe sind mir zu groß / klein.*
Estos colores os quedan mal.	*Diese Farben stehen euch schlecht.*

2

In Lektion 5 haben Sie bereits spanische Farbwörter gelernt. Sie helfen Ihnen, die folgenden Übersetzungen zuzuordnen:

1. Los vaqueros son normalmente azules.	___ **A** *Ich brauche ein grünes oder gelbes Kleid.*
2. La falda blanca me queda demasiado ancha.	___ **B** *Eine Jeans ist normalerweise blau.*
3. La blusa roja y los pantalones marrones son demasiado pequeños.	___ **C** *Mir sind braune Schuhe lieber als schwarze.*
4. Necesito un vestido verde o amarillo.	___ **D** *Der weiße Rock ist mir zu weit.*
5. Prefiero los zapatos marrones a los negros.	___ **E** *Die rote Bluse und die braune Hose sind viel zu klein.*

3

Welche Farbe hat das Kleidungsstück?

1. Esta blusa es ______________ como el cielo *Himmel*.

2. Esta falda es ______________ como el limón *Zitrone*.

3. Este pantalón es ______________ como la noche *Nacht*.

4

Schreiben Sie das passende Wort in die Lücken:

A corte *Schnitt* • **B tarjeta** *Karte* • **C estrecho** *eng* • **D probador** *Umkleidekabine* • **E efectivo** *bar* • **F queda** *steht* • **G talla** *Größe*

1. La falda te ______________ demasiado ancha.

2. El pantalón es demasiado pequeño, me queda

______________.

3. ¿Qué ______________ de pantalón tiene usted?

4. Me gusta mucho el ______________ de esta chaqueta *Jackett*, es muy elegante.

5. ¿Dónde está el ______________? Quería probarme este jersey *Pullover*.

6. ¿Paga *bezahlen Sie* en ______________? – No, con

______________.

LÖSUNG

2 1B; 2D; 3E; 4A; 5C • **3** **1.** azul; **2.** amarilla; **3.** negro •
4 1F; 2C; 3G; 4A; 5D; 6EB

Die folgenden Minidialoge veranschaulichen noch einmal die Verwendung des direkten Objektpronomens:

– **¿Quiere el bolso?**	– *Wollen Sie die Tasche?*
+ **Sí, lo quiero.**	– *Ja, ich will sie.*
– **¿Quiere las botas?**	– *Wollen Sie die Stiefel?*
+ **No, no las quiero.**	– *Nein, ich will sie nicht.*

Füllen Sie die Lücken im Dialog mit den passenden indirekten oder direkten Objektpronomen:

1.	– Necesito un abrigo.	– *Ich brauche einen Mantel.*
	+ ¿Cómo ____ quiere?	– *Wie wollen Sie ihn?*
2.	– ¿Tiene este jersey en otro color?	– *Haben Sie diesen Pullover in einer anderen Farbe?*
	+ Sí, ____ tengo en verde.	– *Ja, ich habe ihn in grün.*
3.	– ¿Cómo ____ queda el cinturón?	– *Wie steht mir der Gürtel?*
	+ ____ queda muy bien.	– *Er steht Ihnen sehr gut.*
4.	– ¿____ puede traer una talla más pequeña?	– *Können Sie mir eine Größe kleiner bringen?*
	+ ____ traigo enseguida.	– *Ich bringe sie sofort.*

7

Sie haben nun die spanischen Bezeichnungen für viele Kleidungsstücke kennen gelernt. Ordnen Sie die Nummern aus der Abbildung den Begriffen zu:

____ **A** los zapatos	____ **B** la falda	____ **C** el pantalón
____ **D** la chaqueta	____ **E** la blusa	____ **F** el abrigo
____ **G** el bolso	**H** los vaqueros	____ **I** el jersey

LÖSUNG

6 1. lo; **2.** lo; **3.** me, le; **4.** me, la • **7** 1B; 2D; 3I; 4E; 5H; 6F; 7C; 8A; 9G

17 Flohmarkt

  66 

Wird in einem Satz ein indirektes und ein direktes Pronomen verwendet, so steht das indirekte vor dem direkten. Beide stehen vor dem Verb:

- ¿Te gusta mi bicicleta?	*Gefällt dir mein Fahrrad?*
- Sí, mucho.	*Ja, sehr.*
- Te la regalo.	*Ich schenke es dir.*

Die indirekten Pronomen **le / les** werden zu **se**, wenn sie von **lo / la / los / las** gefolgt werden:

- ¿Compras el regalo a tu madre?	*Kaufst du das Geschenk für deine Mutter?*
- No, todavía no se lo compro.	*Nein, ich kaufe es ihr noch nicht.*

Zur Betonung oder um Missverständnisse auszuräumen, kann das indirekte Objekt zweimal im Satz auftauchen. Neben der bereits bekannten, unbetonten Form erscheint dann entweder ein Dativ-Objekt oder ein betontes Pronomen:

A mí me encanta la música.	*Ich mag gern Musik.*
A Jorge y Ana les gustan los muebles.	*Jorge und Ana mögen Möbel.*
A los turistas nunca les dan un descuento.	*Den Touristen räumen sie nie einen Preisnachlass ein.*

3 68 § 18

Bei Verbindung von Präpositionen + Pronomen unterscheidet das Spanische nicht zwischen Dativ und Akkusativ. Es gelten immer die Subjektformen der Personalpronomen. Sonderformen sind lediglich **mí** und **ti**:

A mí me gustan los mercadillos.	*Mir gefallen Flohmärkte.*
Esto es para ti / vosotros.	*Das ist für dich / euch.*
Ahora hablamos de él / ella.	*Jetzt sprechen wir von ihm / ihr.*

4

Füllen Sie die Lücken mit indirektem und direktem Pronomen:

1. – ¿Quién ______ ha regalado estas flores *Blumen*?	– *Wer hat dir diese Blumen geschenkt?*
– ______ ______ ha regalado un amigo.	– *Die hat mir ein Freund geschenkt.*
2. – ¿______ compras el libro a tu tía?	– *Kaufst du deiner Tante das Buch?*
– Sí, ______ ______ compro hoy.	– *Ja, ich kaufe es ihr heute.*
3. A ______ ______ gusta la ropa usada.	*Sie (die Mädchen) mögen Secondhand-Kleidung.*

LÖSUNG

4 1. te, me las; **2.** le, se lo; **3.** ellas les

5  69

Die Zahlen von 11 bis 1000:

11 once • 12 doce • 13 trece • 14 catorce • 15 quince

16 dieciséis • 17 diecisiete • 18 dieciocho • 19 diecinueve

20 veinte • 21 veintiuno • 22 veintidós • 23 veintitrés

30 treinta • 31 treinta y uno • 32 treinta y dos

40 cuarenta • 50 cincuenta • 60 sesenta • 70 setenta

80 ochenta • 90 noventa • 100 cien • 200 doscientos

261 doscientos sesenta y uno • 500 quinientos • 1000 mil

Zahlen, die auf **uno** enden, richten sich im Geschlecht nach dem Substantiv: **treinta y un madrileños** – *31 Madrilenen,* **cuarenta y una ofertas** – *41 Angebote.*

6

Schreiben Sie die Zahlen als spanische Wörter:

52 ____________________

17 ____________________

91 ____________________

43 ____________________

84 ____________________

68 ____________________

Hier sehen Sie Dinge, die man auf einem Flohmarkt finden kann. Ordnen Sie die Bilder den Bezeichnungen zu. In Zweifelsfällen hilft Ihnen der Lektionswortschatz:

1

2

3

4

5

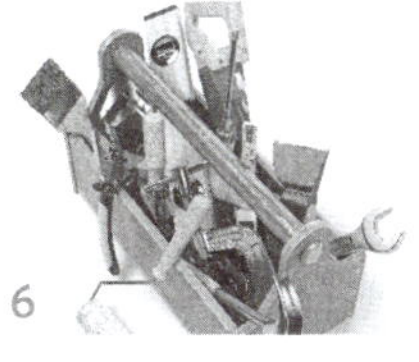
6

___ **A** herramientas ___ **B** ropa usada ___ **C** antigüedades

___ **D** bisutería ___ **E** libros ___ **F** CDs y discos

Ist Ihnen in Übung 7 die Schreibweise von **antigüedades** aufgefallen? Im Spanischen schreibt man **güe** bzw. **güi**, wenn man will, dass das **u** ausgesprochen wird. Andere Wörter mit **ü**:

piragüismo *Kanusport*
paragüero *Schirmständer*
lingüista *Sprachwissenschaftler*
cigüeña *Storch*

LÖSUNG

6 52 cincuenta y dos; 17 diecisiete; 91 noventa y uno; 43 cuarenta y tres; 84 ochenta y cuatro; 68 sesenta y ocho • **7** 1E; 2F; 3B; 4C; 5D; 6A

18 Beim Arzt

Wenn Sie *krank* **enfermo / -a** sind, verwenden Sie diese Sätze:

Me encuentro (muy) mal.	*Ich fühle mich (sehr) schlecht.*
Tengo dolor de estómago, de cabeza, de muelas...	*Ich habe Bauch-, Kopf-, Zahnschmerzen ...*
He vomitado, tengo fiebre y estornudo.	*Ich habe mich erbrochen, habe Fieber und niese.*
Estoy mareado / -a.	*Mir ist schwindlig.*

Und was sagt *der Arzt* **el médico**?

¿Cómo se encuentra?	*Wie fühlen Sie sich?*
¿Qué le duele? / ¿Le duele aquí?	*Was tut Ihnen weh? / Tut es Ihnen hier weh?*
¿Tiene fiebre / diarrea / tos?	*Haben Sie Fieber / Durchfall / Husten?*

Im Laufe der Untersuchung gibt der Arzt Anweisungen:

Quítese la camisa y acuéstese.	*Ziehen Sie das Hemd aus und legen Sie sich hin.*
No coma grasas. / Beba mucho líquido.	*Essen Sie nichts Fettiges. / Trinken Sie viel (Flüssigkeit).*
Guarde cama dos días. / Guarde reposo.	*Hüten Sie zwei Tage das Bett. / Ruhen Sie sich aus.*

Die ärztlichen Anweisungen in Abschnitt 2 stehen alle im Imperativ. Mit dieser Verbform werden Befehle und Verbote, aber auch freundliche Angebote und Ratschläge ausgedrückt.

Die Imperativformen unterscheiden sich, je nachdem, ob sie bejaht oder verneint sind. Sehen Sie dies exemplarisch anhand der Verben **entrar** *eintreten*, **beber** *trinken* und **escribir** *schreiben*.

entra	**entre**	**entrad**	**entren**
tritt ein	*treten Sie ein*	*tretet ein*	*treten Sie ein*
bebe	**beba**	**bebed**	**beban**
escribe	**escriba**	**escribid**	**escriban**

Sehen Sie hier die verneinten Formen:

	entres	*tritt nicht*		**entre**	*treten Sie nicht*
no	**bebas**	*ein ...*	**no**	**beba**	*ein ...*
	escribas			**escriba**	
	entréis	*tretet nicht*		**entren**	*treten Sie nicht*
no	**bebáis**	*ein ...*	**no**	**beban**	*ein ...*
	escribáis			**escriban**	

Bei reflexiven Verben im bejahten Imperativ wird das Pronomen direkt angehängt:

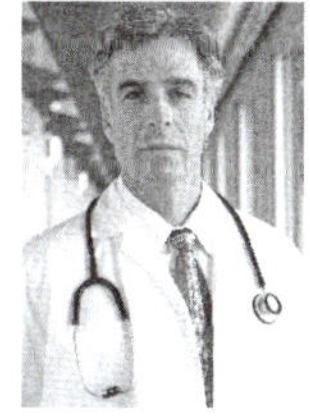

¡Acuéstate! *Leg dich hin!*
¡Acuéstese! *Legen Sie sich hin!*

LÖSUNG

5

Schreiben Sie die passenden Imperativformen in die Lücken:

A tomad • **B** tómate • **C** coma • **D** pruébate • **E** acuéstate •
F no beban • **G** relájate • **H** no comáis • **I** quítate

1. ______________ mucha verdura *Gemüse*. (comer, Ud.)

2. ______________ y ______________. (relajarse, acostarse, tú)

3. ______________ grasas y ______________ mucho líquido. (no comer, tomar, vosotros)

4. ______________ un analgésico *Schmerzmittel*. (tomarse, tú)

5. ______________ tanto vino. (no beber, Uds.)

6. ______________ los pantalones y ______________ estos. (quitarse, probarse, tú)

6

Welcher Rat passt am besten zu welchem Leiden?

1. Tengo dolor de cabeza. ____ **A** Es solo un catarro, lo mejor es guardar cama.

2. Tengo tos y fiebre. ____ **B** Lo mejor es no comer grasas.

3. Tengo dolor de estómago y diarrea. ____ **C** Tienes que relajarte y acostarte.

4. Estoy mareado / -a. ____ **D** Toma un analgésico.

Viele Schmerzen werden durch Verbindungen mit dem Wort **dolor** *Schmerz* ausgedrückt:

Kopfschmerzen **dolor de cabeza**,
Zahnschmerzen **dolor de muelas**,
Bauchschmerzen **dolor de estómago**.

Ordnen Sie die Körperteile den spanischen Bezeichnungen zu:

___ **A** la nariz ___ **B** el brazo ___ **C** la cabeza

___ **D** la pierna ___ **E** los ojos ___ **F** la mano

___ **G** el pie ___ **H** la boca ___ **I** los dedos de la mano

LÖSUNG

8 1C; 2A; 3H; 4E; 5B; 6F; 7I; 8G; 9D

5 1C; 2GE; 3HA; 4B; 5F; 6ID • **6** 1D; 2A; 3B; 4C •

Wetter 73

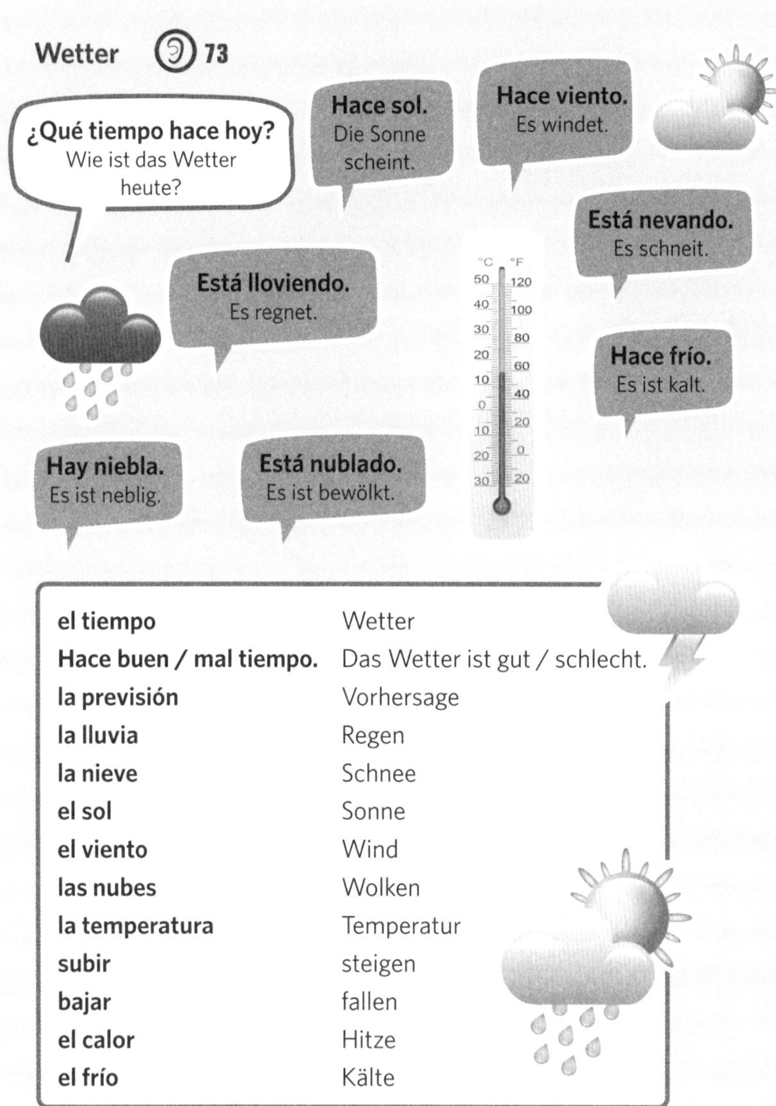

el tiempo	Wetter
Hace buen / mal tiempo.	Das Wetter ist gut / schlecht.
la previsión	Vorhersage
la lluvia	Regen
la nieve	Schnee
el sol	Sonne
el viento	Wind
las nubes	Wolken
la temperatura	Temperatur
subir	steigen
bajar	fallen
el calor	Hitze
el frío	Kälte

Im Hotel  74

el hotel	Hotel
la habitación individual	Einzelzimmer
la habitación doble	Doppelzimmer
el baño	Badezimmer
la recepción	Rezeption
la reservación	Reservierung
la reclamación	Beschwerde
el desayuno	Frühstück
la pensión completa	Vollpension
la temporada alta/baja	die Hoch-/Nebensaison
las vacaciones	Urlaub

Me voy de vacaciones a Cádiz.
Ich fahre in Urlaub nach Cádiz.

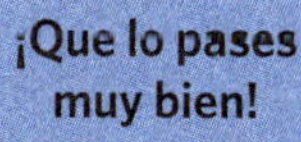

¡Que lo pases muy bien!
Hab eine gute Zeit!

la mañana	Morgen
el mediodía	Mittag
la tarde	Nachmittag
la noche	Abend / Nacht
la medianoche	Mitternacht

lavarse	sich waschen
maquillarse	sich schminken
ducharse	duschen
bañarse	baden
afeitarse	sich rasieren

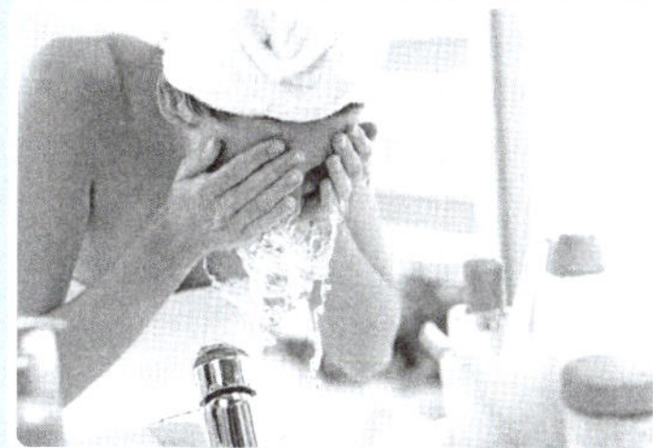

19 Wetterbericht

  75

So fragen Sie nach dem *Wetter* **tiempo (atmosférico)**:

¿Qué tiempo hace hoy?	*Wie ist das Wetter heute?*
¿Cuál es la previsión para mañana?	*Wie ist die Vorhersage für morgen?*

Eine ganz allgemeine Antwort kann dann lauten:

Hace buen / mal tiempo.	*Das Wetter ist gut / schlecht.*

Ordnen Sie die Wetterbedingungen den Bildern zu:

1

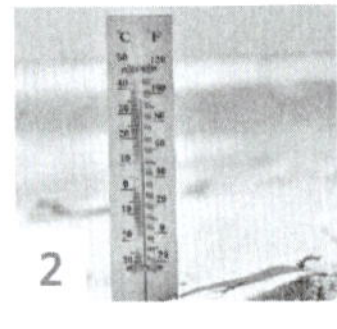
2

3

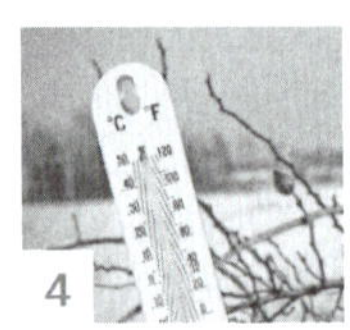
4

5

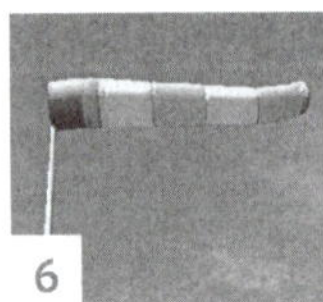
6

7

8

___ **A** está nublado
___ **B** hace frío
___ **C** hace mucho calor
___ **D** llueve mucho
___ **E** nieva fuertemente
___ **F** hace viento
___ **G** hay niebla
___ **H** está muy soleado

Mit Adverbien macht man nähere Angaben zu Verben, Adjektiven, Adverbien und ganzen Sätzen. Sie werden aus der weiblichen Form des Adjektivs + -**mente** gebildet.

Adjektiv	**rápido / -a** **un coche rápido**	*schnell* *ein schnelles Auto*
Adverb	**Miguel conduce rápidamente.**	*Miguel fährt schnell.*
Adjektiv	**serio / -a** **un hombre serio**	*ernst* *ein ernster Mann*
Adverb	**El profesor habla seriamente.**	*Der Lehrer spricht ernst.*

Wandeln Sie die in Klammern geschriebenen Adjektive in Adverbien um und schreiben Sie sie in die Lücken:

1. Hoy el viento sopla *bläst* ____________________. (suave *sanft*)

2. El tren va ____________________ porque hay nieve. (lento *langsam*)

3. Horacio lee *liest* ____________________ la previsión del tiempo. (regular *regelmäßig*)

LÖSUNG

2 1H; 2C; 3G; 4B; 5E; 6F; 7A; 8D • **4 1.** suavemente; **2.** lentamente; **3.** regularmente

Die Adverbien **muy** *sehr* und **mucho** *viel*, *sehr* sind tückisch: **muy** steht vor Adjektiven und Adverbien, **mucho** steht allein oder nach dem Verb, auf das es sich bezieht:

Es un chico muy amable.	*Er ist ein sehr netter Junge.*
Es muy tarde.	*Es ist sehr spät.*
Ana se divierte mucho.	*Ana amüsiert sich sehr.*
¿Te gusta? – Sí, mucho.	*Gefällt es dir? – Ja, sehr.*

mucho / -a wird auch als Adjektiv verwendet; es richtet sich dann nach dem Substantiv, auf das es sich bezieht:

María tiene muchas amigas.	*Maria hat viele Freundinnen.*

Füllen Sie die Lücken mit **muy** (2x), **mucho** (2x) und **mucha**:

Me gusta **1** ____________ que en la fiesta hay **2** ____________ gente *Leute* **3** ____________ alegre *fröhlich*. Bailan *sie tanzen* **4** ____________ y **5** ____________ bien.

Wenn man über Zukünftiges spricht, verwendet man das Futur. Es wird in den regelmäßigen Fällen aus Infinitiv + Futurendung **-é**, **-ás**, **-á**, **-emos**, **-éis**, **-án** gebildet.

La temperatura subirá.	*Die Temperatur wird steigen.*
Las capas de hielo polar se derretirán.	*Die Polkappen werden abschmelzen.*

8 § 13

Vervollständigen Sie die Tabelle mit den fehlenden Futurformen. Das Grammatikkapitel dient Ihnen als Kontrolle:

soplar	llover	subir

9

Setzen Sie die in Klammern angegebenen Verben ins Futur:

1. ¿Cuándo __________ a la montaña? (ir, nosotros)

2. Mis padres __________ una casa cerca de la playa. (comprar)

3. En Madrid __________ a mis colegas. (conocer, tú *kennen lernen*)

LÖSUNG

6 1. mucho; **2.** mucha; **3.** muy; **4.** mucho; **5.** muy •

9 1. iremos; **2.** comprarán; **3.** conocerás

20 Im Hotel

Wofür stehen die folgenden Bilder? Ordnen Sie jedem die passende spanische Bezeichnung zu; geben Sie dann eine deutsche Übersetzung an:

1

2

3

4

5

____ **A** la habitación con desayuno

____

____ **B** la recepción

____

____ **C** la habitación doble

____

____ **D** la pensión completa

____

____ **E** la habitación individual con baño

____

Bei der *Reservierung* **reservación** eines Hotelzimmers sind folgende Fragen sehr nützlich:

¿Tienen una habitación libre?	*Haben Sie ein Zimmer frei?*
¿Está el desayuno / el traslado incluido (en el precio)?	*Ist das Frühstück / der Transfer (im Preis) inbegriffen?*
¿Cuál es el precio por una semana de estancia en temporada alta / baja?	*Was ist der Preis für eine Woche Aufenthalt in der Hoch- / Nebensaison?*
¿Da la habitación al patio o a la calle?	*Geht das Zimmer auf den Hof oder zur Straße?*

3

In spanischen **habitaciones dobles** *Doppelzimmern* gibt es sowohl **camas individuales / separadas** *getrennte Betten* als auch **camas matrimoniales** *Doppelbetten*. Mit **habitación individual** werden *Einzelzimmer* bezeichnet.

Um über Vergangenes zu sprechen, kann man das Perfekt verwenden. Das Perfekt setzt sich aus einer Form von **haber** *haben*: **he**, **has**, **ha**, **hemos**, **habéis**, **han** und dem Partizip Perfekt eines Verbs zusammen.

LÖSUNG

1 1C; 2E; 3D; 4B; 5A

20 Im Hotel

Das Partizip Perfekt leitet man vom Infinitiv ab, indem man bei Verben, die auf -**ar** enden, an die Stelle von -**ar** -**ado** setzt und bei Verben, die auf -**er** oder -**ir** enden, -**er** bzw. -**ir** durch -**ido** ersetzt:

Yo he reservado el hotel.	*Ich habe das Hotel reserviert.*
Pablo ha vendido su casa.	*Pablo hat sein Haus verkauft.*
Los precios han subido.	*Die Preise sind gestiegen.*

Setzen Sie die passende Form von **haber** ein:

A habéis • **B** ha • **C** hemos • **D** has • **E** he

1. Esta mañana ella ________ comprado pan.

2. Mañana nos vamos de viaje. Yo ________ reservado el hotel.

3. Nosotros ________ comido en este restaurante.

4. Vosotros ________ recibido una carta *Brief*.

5. ¿Tú, cuántos años ________ vivido en España?

6

Bilden Sie das Partizip Perfekt der folgenden Verben:

1. dar ________

2. venir ________

3. coger ________

4. ir ________

5. viajar ________

6. leer ________

7 § 10

Einige Verben haben unregelmäßige Partizip Perfekt Formen:

machen **hacer** **hecho**
sagen **decir** **dicho**
sehen **ver** **visto**
stellen, legen **poner** **puesto**

8

Das Perfekt wird verwendet, wenn man sich auf Geschehnisse bezieht, die einen Bezug zur Gegenwart haben. Dieser Gegenwartsbezug ergibt sich aus dem Kontext oder durch Zeitangaben wie **hoy**, **esta mañana**, **esta semana**, **este mes**, **este año** und Wörter wie **ya** *schon*, **todavía no** *noch nicht*, **últimamente** *kürzlich*, **muchas veces** *häufig*, **alguna vez** *manchmal*, **nunca** *nie*.

9

Setzen Sie die Verben in Klammern ins Perfekt:

1. Agustín y yo (invitar) __________ __________ a nuestros amigos.
2. ¿(ver) __________ __________ tú la última película de Almodóvar?
3. Y vosotras, ¿ (ir) __________ __________ de compras esta mañana?
4. ¿Qué (hacer) __________ __________ tus primos hoy?
5. Yo nunca (comer) __________ __________ paella, ¿y tú?

LÖSUNG

5 1B; 2E; 3C; 4A; 5D • **6 1.** dado; **2.** venido; **3.** cogido; **4.** ido; **5.** viajado; **6.** leído •
9 1. hemos invitado; **2.** Has visto; **3.** habéis ido; **4.** han hecho; **5.** he comido

21 Sich frisch machen

1  79  15

Handlungen, die zum Sprechzeitpunkt stattfinden, werden im Spanischen mit der Verlaufsform ausgedrückt. Diese setzt sich aus einer Form des Verbs **estar** + dem Gerundium des jeweiligen Verbs zusammen:

Javier se está lavando las manos.	*Javier wäscht sich gerade die Hände.*
Las chicas se están maquillando.	*Die Mädchen schminken sich gerade.*
Ana está bañando a sus hijos.	*Ana badet gerade ihre Kinder.*

2

Das Gerundium bildet man folgendermaßen:

An den Stamm der Verben auf -**ar** wird -**ando** gehängt.
An den Stamm der Verben auf -**er** und -**ir** wird -**iendo** gehängt:

preparar	**comer**	**vivir**
preparando	**comiendo**	**viviendo**

Bilden Sie das Gerundium der folgenden Verben:

1. peinar	**2.** poner	**3.** escribir
______	______	______
4. duchar	**5.** llover	**6.** recibir
______	______	______

Vorsicht! Bei der Bildung des Gerundiums einzelner Verben ist ein Wechsel des Stammvokals zu beachten:

o → u	**dormir → durmiendo**	*schlafen*
e → i	**vestir → vistiendo**	*(be)kleiden*

Verben, deren Stamm auf einen Vokal endet, haben im Gerundium die Endung -**yendo**:

-yendo	caer → **cayendo**	*fallen*

Das Gerundium der folgenden Verben wird nach dem eben vorgestellten Muster gebildet. Gelingt Ihnen das?

o → u	**morir → 1.** ______________	*sterben*
e → i	**decir → 2.** ______________	*sagen*
-yendo	**leer → 3.** ______________	*lesen*

4 § 18

Wenn ein Satz mit Verlaufsform ein Pronomen enthält, so steht dieses entweder vor **estar** oder es wird an das Gerundium angehängt. In letzterem Fall wird das Gerundium mit Akzent geschrieben:

¿Te estás afeitando? ⇔ **¿Estás afeitándote?**

Pablo se está vistiendo. ⇔ **Pablo está vistiéndose.**

LÖSUNG

2 1. peinando; **2.** poniendo; **3.** escribiendo; **4.** duchando; **5.** lloviendo; **6.** recibiendo • **3 1.** muriendo, **2.** diciendo, **3.** leyendo

Sich frisch machen

5

Carmen darf nicht gestört werden. In den Stunden, ehe sie sich ins Nachtleben stürzt, ist sie intensiv damit beschäftigt, sich zu stylen. In den folgenden Sätzen erfahren Sie, was zu den unterschiedlichen Zeitpunkten geschieht. Füllen Sie die Lücken mit den Verben in Klammern in der Verlaufsform:

1. Carmen se ______________ (duchar y lavar) el pelo.

2. ______________ (ponerse) un vestido nuevo.

3. ______________ (arreglarse *sich zurecht machen*) para Pedro, su novio.

4. Pedro ya ______________ (esperar) con impaciencia *Ungeduld*.

5. Ahora los dos se han ido. Seguro que lo ______________ (pasar) muy bien. ***(pasarlo muy bien = eine gute Zeit verbringen)***

La marcha ist DER Begriff für das spanische Nachtleben. Zwischen 22 und 24 Uhr sind die Bars und Restaurants einer angesagten Straße rappelvoll, während die einer anderen Straße sich erst nach 1 Uhr nachts füllen. Also aufgepasst: Ist man zur richtigen Zeit am richtigen Ort, dann kann schon mal ***das Morgengrauen*** **la madrugada** anbrechen, ehe man sich auf den Heimweg macht.

Das Gerundium kann auch allein vorkommen und steht dann für einen Nebensatz:

Comiendo en la cantina se ahorra tiempo y dinero.	*Wenn man in der Kantine isst, spart man Zeit und Geld.*

Die Verlaufsform kann anstelle von **estar** auch mit den Verben **pasar** *verbringen* und **seguir** *fortfahren* gebildet werden:

Paso la tarde esperando.	*Ich verbringe den Nachmittag wartend.*
Vamos a seguir buscando.	*Lasst uns weitersuchen.*

Füllen Sie die Lücken mit **A leyendo, B sigue, C pasa:**

Suena el teléfono pero Ana **1** ______________ leyendo.

2 ______________ el tiempo pasa más rápido.

Carlos **3** ______________ el viaje leyendo.

LÖSUNG

5 1. está duchando y lavando; **2.** se está poniendo; **3.** se está arreglando **4.** está esperando; **5.** están pasando • **7** 1B; 2A; 3C

profundo/-a	tief
ancho/-a	breit
oscuro/-a	dunkel
alto/-a	hoch
desierto/-a	einsam
embravecido/-a	stürmisch

la naturaleza	Natur
el país	Land
el paisaje	Landschaft
el mar	Meer
el río	Fluss
el valle	Tal
la montaña	Berg
el bosque	Wald
la isla	Insel
el lago	See
el animal	Tier
el parque nacional	Nationalpark

¿Qué hacemos el fin de semana?
Was machen wir am Wochenende?

Me gustaría ir al parque nacional para disfrutar de la naturaleza. ¿Qué te parece?
Ich würde gerne in den Nationalpark gehen, um die Natur zu genießen. Was meinst du?

¡Sí, me gusta la idea! Vamos a relajarnos viendo paisajes maravillosos.
Gute Idee! Wir werden wunderschöne Landschaften sehen und uns dabei entspannen.

81

el medio ambiente	Umwelt
la protección	Schutz
el reciclaje	Recycling
la basura	Müll
la eliminación	Entsorgung
la separación	Trennung
la botella retornable	Pfandflasche
la energía	Energie
usar	benutzen, verbrauchen
provocar	provozieren
el cambio	Wandel

ecológico/-a	ökologisch
protegido/-a	geschützt
importante	wichtig

preocuparse	sich Sorgen machen
repetir	wiederholen
esforzarse	sich bemühen
lograr	erreichen

Voy a sacar la basura.
Ich bringe den Müll raus.

Gracias. ¡Recuerda que hay contenedores diferentes para el reciclaje!
Danke. Denk daran, dass es unterschiedliche Container für das Recycling gibt!

22 Umwelt und Natur

1 

Auch in Spanien sind *Natur* **naturaleza** und *Umwelt* **medio ambiente** zu wichtigen Gesprächsthemen geworden. Ordnen Sie die folgenden Begriffe ihren Übersetzungen zu:

1. el parque nacional	___	**A** *die Pfandflasche*
2. la botella retornable	___	**B** *der Umweltschutz*
3. la protección del medio ambiente	___	**C** *die Umwelt*
4. el medio ambiente	___	**D** *der Naturschutzpark*
5. la especie animal protegida	___	**E** *die Müllentsorgung*
6. el reciclaje	___	**F** *das Recycling*
7. la eliminación de basuras	___	**G** *die Mülltrennung*
8. la especie vegetal protegida	___	**H** *die geschützte Tierart*
9. la separación de basuras	___	**I** *die geschützte Pflanzenart*

2

Die unpersönliche Form *man* drückt man im Spanischen durch **se** + 3. Person Singular des Verbs aus:

En España se recicla la basura.	*In Spanien wird der Müll wiederverwertet.*
Todavía se recuerda el accidente.	*Man erinnert sich noch an den Unfall.*

Wird ein reflexives Verb unpersönlich gebraucht, benötigt man die Konstruktion **uno se**:

Si uno se esfuerza, se puede lograr bastante.	*Wenn man sich Mühe gibt, kann man viel erreichen.*

3

Schreiben Sie das Verb in Klammern als unpersönliche Form:

1. En el país ______________________ la deforestación *Entwaldung*. (sufrir *erleiden*)

2. ______________________ por el medio ambiente. (preocuparse *sich Sorgen machen*)

3. ______________________ que la protección del medio ambiente es importante. (repetir* *wiederholen*)

* Beachten Sie den Vokalwechsel: **repetir** – **repito**, **repites**...

4 § 11

Um über Ereignisse zu sprechen, die in der Vergangenheit zu einem bestimmten Zeitpunkt stattgefunden haben und abgeschlossen sind, benutzt man das Indefinido:

El 13 de noviembre de 2002 el barco Prestige sufrió un accidente.	*Am 13. November 2002 hatte das Schiff* Prestige *einen Unfall.*

LÖSUNG

1 1D; 2A; 3B; 4C; 5H; 6F; 7E; 8I; 9G • **3 1.** se sufre; **2.** Uno se preocupa; **3.** Se repite

5 

Das Indefinido von **comer**:

comí, comiste, comió, comimos, comisteis, comieron

Bringen Sie die Indefinidoformen der Verben **llegar** und **sufrir** in die richtige Reihenfolge:

> Bei den Verben auf **-ar** und **-ir** ist die erste Person Plural des Indefinido (**-amos**, **-imos**) identisch mit der Präsensform. Durch den Kontext wird aber immer klar, um welche Zeit es sich handelt.

A llegamos • **B** llegó • **C** llegaron • **D** llegué •
E llegasteis • **F** llegaste

yo __________, tú __________, él / ella / Ud. __________,

nosotros / -as __________, vosotros / -as __________,

ellos / -as / Uds. __________

A sufrió • **B** sufrí • **C** sufrieron • **D** sufriste •
E sufrimos • **F** sufristeis

yo __________, tú __________, él / ella / Ud. __________,

nosotros / -as __________, vosotros / -as __________,

ellos / -as / Uds. __________

Die Indefinidoformen von **ser** und **ir** unterscheiden sich nicht von einander:

fui, fuiste, fue, fuimos, fuisteis, fueron

7

Setzen Sie die Verben in die passende Form des Indefinido:

1. Ana ________________ un artículo. (escribir)

2. Nosotros ________________ ayer. (llegar)

3. Dos activistas ________________ volantes. (repartir *verteilen*)

4. Tú ________________ un cambio ***Wandel***. (provocar)

Das Indefinido wird oft von Zeitangaben wie **ayer**, **la semana pasada**, **el año pasado**, **hace dos meses** etc. begleitet. Schreiben Sie in die Lücken die passenden Indefinidoformen:

Ayer (ser) **1** ________________ el día del medio ambiente.

Luis (ir) **2** ________________ al trabajo en autobús.

Por la tarde (comprar) **3** ________________ verduras

ecológicas en el mercado y (volver) **4** ________________

a casa a las seis a pie.

Por la noche (preparar *vorbereiten*) **5** ________________

una ensalada y no (usar) **6** ________________ energía.

Después de la cena (irse) **7** ________________ a la cama temprano.

LÖSUNG

5 llegar: DFB AEC; sufrir: BDA EFC • **7 1.** escribió; **2.** llegamos; **3.** repartieron; **4.** provocaste • **8 1.** fue; **2.** fue; **3.** compró; **4.** volvió; **5.** preparó; **6.** usó; **7.** se fue

23 Landschaft

1

Ordnen Sie die verschiedenen Bereiche einer ***Landschaft*** **paisaje** den spanischen Begriffen zu:

1. Fluss	___	**A** el/la mar
2. Berge	___	**B** el puerto
3. Hafen	___	**C** el valle
4. Wald	___	**D** las montañas
5. See	___	**E** el río
6. Tal	___	**F** el bosque
7. Meer	___	**G** la isla
8. Insel	___	**H** el lago

2

Von der Quelle zum Meer. Ordnen Sie die Begriffe:

A el riachuelo **B** el mar **C** el río
D la fuente **E** la desembocadura

Von der Quelle zum Meer: __ __ __ __ __

3  **83**

Hier sehen Sie Adjektive, die im Zusammenhang mit Landschaftsbeschreibungen häufig auftauchen:

un río ancho *breit*
un valle profundo *tief*
un bosque oscuro *dunkel*
la alta montaña *Hochgebirge*
el mar embravecido *stürmisch*
una isla desierta *einsam*

4  **11**

Einige wenige aber häufig verwendete Verben haben ein unregelmäßiges Indefinido. Die Unregelmäßigkeit bezieht sich aber nur auf den Stamm; die Endungen sind immer dieselben: **-e**, **-iste**, **-o**, **-imos**, **-isteis**, **-ieron**

5

Bilden Sie Paare aus Infinitiv und Indefinido (1. Pers. Sing.):

1. estar *sein* ___ **A** tuve
2. tener *haben* ___ **B** pude
3. decir *sagen* ___ **C** dije
4. poder *können* ___ **D** supe
5. querer *wollen* ___ **E** estuve
6. venir *kommen* ___ **F** vine
7. saber *wissen* ___ **G** quise

LÖSUNG

1 1E; 2D; 3B; 4F; 5H; 6C; 7A; 8G • **2** DACEB • **5** 1E; 2A; 3C; 4B; 5G; 6F; 7D

Auf zwei Besonderheiten ist bei den unregelmäßigen Indefinidoformen zu achten:

1. Die 3. Person Singular trägt keinen Akzent auf dem **-o**:

   Ayer José estuvo en Salamanca.

2. Die 3. Person Singular von **hacer** wird nicht mit **c** sondern mit **z** geschrieben:

   La semana pasada Ana hizo un experimento.

Setzen Sie das Verb in Klammern ins **Indefinido:**

1. El otro día (nosotros cenar) ______________ en el restaurante Casa Pancho.
2. ¿Dónde (estar, tú) ______________ ayer, Rosita?
3. Y vosotras, ¿por qué no (ir) ______________ a la fiesta de cumpleaños?
4. El otro día (tener, yo) ______________ que hablar seriamente *ernsthaft* con él.
5. ¿Qué te (decir) ______________ ayer tu compañero?
6. ¿Qué (hacer) ______________ ustedes ayer?
7. Pablo no (poder) ______________ viajar a Colombia el mes pasado.

8  **11**

Das Indefinido verwendet man, um etwas zu beschreiben, das bereits in der Vergangenheit abgeschlossen wurde. Indikatoren sind Wörter wie **ayer** oder **el año pasado**.
Das Perfekt verwendet man für Vergangenes, das noch direkt mit der Gegenwart in Verbindung gebracht wird. Indikatoren sind Wörter wie **hoy** oder **este año**:

He conocido a tu prima (hoy).	*Ich habe deine Cousine (heute) kennen gelernt.*
Conocí a tu prima (la semana pasada).	*Ich habe deine Cousine (vergangene Woche) kennen gelernt.*

Setzen Sie das Verb in Klammern in die passende Form des Perfekts oder Indefinidos:

1. Ayer (visitar, yo) ________________ a mis padres.

2. Este año (viajar, yo) ________________ a Bolivia.

3. En 1969 el hombre *der Mensch* (llegar) ________________ a la luna *Mond*.

4. Hace dos meses (tener, nosotros) ________________ vacaciones.

LÖSUNG

7 1. cenamos; **2.** estuviste; **3.** fuisteis; **4.** tuve; **5.** dijo, **6.** hicieron; **7.** pudo •
9 1. visité; **2.** he viajado; **3.** llegó; **4.** tuvimos

Antes me encantaba bailar.
Hoy prefiero escuchar la música.
Früher habe ich sehr gerne getanzt.
Heute höre ich lieber Musik.

Cuando eras joven, ¿qué solías hacer en tu tiempo libre?
Was hast du für gewöhnlich in deiner Freizeit gemacht als du jung warst?

desde	seit
antes	früher
ahora	jetzt
siempre	immer
hoy	heute
mañana	morgen
entonces	damals
cuando	als

soler hacer algo	etw. gewöhnlich tun
visitar	besuchen
viajar	reisen
conocer	kennenlernen
nacer	geboren werden
morir	sterben

el siglo	Jahrhundert
el año	Jahr
el mes	Monat
la semana	Woche
el día	Tag

Technische Entwicklungen  85

la televisión	Fernseher
el ordenador	Computer
el ordenador portátil	Notebook
la impresora	Drucker
el teléfono	Telefon
el móvil	Handy
el reproductor de mp3	mp3-Player

Geschichte

la historia	Geschichte
la etapa	Epoche
la guerra	Krieg
la paz	Frieden
el rey, la reina	König/-in
el poder	Macht
la Iglesia	Kirche (Institution)
la comunidad	Gemeinschaft
la monarquía parlamentaria	parlamentarische Monarchie

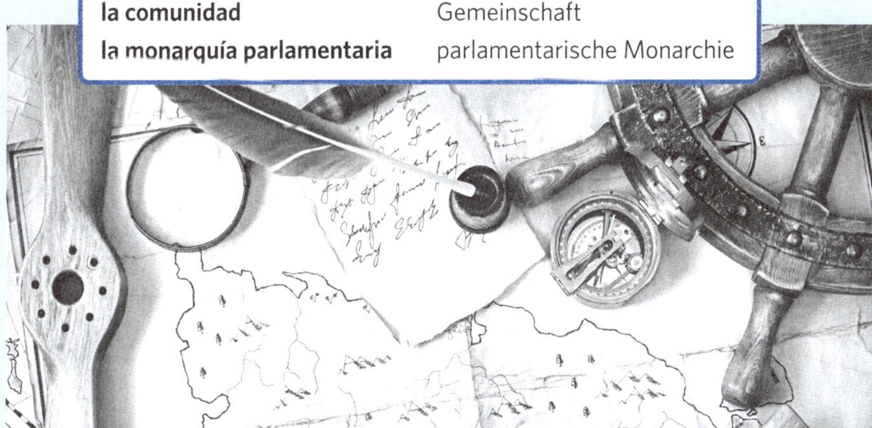

24 Damals und heute

1  **12**

Wenn man vergangene Zustände beschreibt, verwendet man das Imperfekt:

Cuando era joven bailaba muy bien.
Als ich jung war, tanzte ich sehr gut.

Vivíamos en Burgos y jugábamos en la calle.
Wir lebten in Burgos und spielten auf der Straße.

2

Die Verben auf **-ar** haben in allen Imperfektendungen ein **-aba**:

jugaba, jugabas, jugaba, jugábamos, jugabais, jugaban

Die Verben auf -**er** und -**ir** haben in allen Endungen ein **-ía**:

vivía, vivías, vivía, vivíamos, vivíais, vivían

3

Füllen Sie die Lücken mit den fehlenden Imperfektformen:

cantar:

cantaba, ____________, ____________,

cantábamos, ____________, ____________

poder:

____________, podías, ____________,

____________, ____________, podían

Nur drei Verben haben unregelmäßige Imperfektformen:

ser – era, eras, era, éramos, erais, eran

ir – iba, ibas, iba, íbamos, ibais, iban

ver – veía, veías, veía, veíamos, veíais, veían

Beachten Sie den Akzent auf den Imperfektformen der 1. Person Plural! **cantábamos**, **íbamos**, **éramos**

Ordnen Sie die Sätze den passenden Übersetzungen zu:

1. Cuando era joven, la vida era distinta.	___	**A**	*Am Abend machte ich mich zurecht.*
2. Nos sentábamos alrededor de la radio.	___	**B**	*Die Familie versammelte sich, und wir aßen zusammen.*
3. A mí me gustaba bailar.	___	**C**	*Ich tanzte gerne.*
4. La familia se reunía y comíamos juntos.	___	**D**	*Wir setzten uns um das Radiogerät.*
5. Por la tarde me arreglaba.	___	**E**	*Eine Frau konnte nicht allein ausgehen.*
6. Una mujer no podía salir sola.	___	**F**	*Als ich jung war, war das Leben anders.*

LÖSUNG

5 1F; 2D; 3C; 4B; 5A; 6E

3 cantabas, cantaba, cantabais, cantaban; podía, podía, podíamos, podíais •

Setzen Sie das Verb in Klammern ins Imperfekt:

1. Me acuerdo de cuando tú ________________ joven. (ser)
2. Antes no ________________ ordenadores *Computer*. (haber *hier: geben*)
3. La familia ________________ más tiempo reunida. (pasar)
4. Vosotros ________________ antes más. (leer)
5. Me acuerdo de cuando yo ________________ al cine con María. (ir)
6. Ahora ves la televisión mucho, antes no la ________________ tanto (no...tanto = *nicht so viel*). (ver)
7. En las vacaciones nosotros no ________________ tanto como hoy. (viajar)

Um Gewohnheiten und sich wiederholende Vorgänge in der Vergangenheit wiederzugeben, kann man das Imperfekt des Verbs **soler** *pflegen, gewöhnlich tun* verwenden:

Cuando era niño, yo solía ir de excursión.	*Als ich ein Kind war, pflegte ich Ausflüge zu unternehmen.*
Él solía leer muchos libros, ahora no.	*Er pflegte viele Bücher zu lesen, jetzt (liest er) nicht mehr.*

8

Ordnen Sie die Begriffe den Bildern zu:

1

2

3

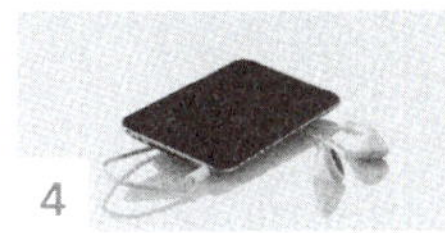
4

5

6

___ **A** el (reproductor de) mp3 ___ **B** la impresora

___ **C** el (ordenador) portátil ___ **D** la cámara digital

___ **E** la cadena de música ___ **F** el (teléfono) móvil

9

Setzen Sie die Verben ins Imperfekt oder Präsens:

1. Antes no ______________ teléfonos, hoy en día todos ______________ por móviles. (haber, hablar)

2. Ahora (yo) ______________ música en mi reproductor de mp3, hace pocos años ______________ una cadena de música. (escuchar, tener)

3. Cuando Ana ______________ joven, ______________ todo a mano, desde hace *seit* diez años ______________ un ordenador y una impresora. (ser, escribir, tener)

LÖSUNG

6 1. eras; **2.** había; **3.** pasaba; **4.** leíais; **5.** iba; **6.** veías; **7.** viajábamos • **8** 1F; 2D; 3B; 4A; 5E; 6C • **9 1.** había, hablan; **2.** escucho, tenía; **3.** era, escribía, tiene

25 Spanische Geschichte

  **10, 11, 12**

In einem Text über die spanische Geschichte können Sie alle Vergangenheitszeiten finden:

Perfekt – Begebenheiten, die über eine Zeitspanne wie **hoy** oder **este siglo** *dieses Jahrhundert* mit der Gegenwart in Verbindung stehen. Diese Zeitspanne kann auch die (bis in die Gegenwart reichende) spanische Geschichte sein:

La historia de España no ha sido sencilla.	*Die Geschichte Spaniens ist nicht einfach gewesen.*
El país ha pasado por guerras y por etapas de paz.	*Das Land hat Kriege und Zeiten des Friedens durchgemacht.*

Indefinido – Begebenheiten, die in einem bereits vergangenen Zeitraum, wie **ayer**, **entonces** *damals* oder **1605** zu Ende gegangen sind:

España tuvo una etapa de decadencia del siglo dieciséis al diecisiete.	*Spanien erlebte eine Epoche der Dekadenz vom 16. bis zum 17. Jahrhundert.*
En el año 1605 Miguel de Cervantes publicó El Quijote.	*Im Jahre 1605 veröffentlichte M. de Cervantes den Quijote.*

Imperfekt – Zustände, die in der Vergangenheit herrschten, Hintergrundhandlungen und zeitlich nicht scharf begrenztes:

El rey controlaba la mayor parte del país.	*Der König kontrollierte den größten Teil des Landes.*
Antes la Iglesia tenía mucho más poder.	*Früher hatte die Kirche viel mehr Macht.*

Kreuzen Sie die jeweils korrekte Vergangenheitsform an:

1. Antes yo ... en el campo.
- **A** viví
- **B** vivía

2. El año pasado nosotros ... al Caribe.
- **A** viajamos
- **B** hemos viajado

3. ¿ ... usted una habitación doble?
- **A** reservaba
- **B** ha reservado

4. El 6 de febrero de 1972 ... Patricio.
- **A** nació
- **B** ha nacido

5. Nosotros ... siempre la televisión por la noche.
- **A** vimos
- **B** veíamos

6. Esta mañana ... todo el pastel.
- **A** comisteis
- **B** habéis comido

Eine Hilfe in Zweifelsfällen: Das **Imperfekt** beantwortet die Frage: **Wie war es?** Das **Indefinido** bzw. **Perfekt** beantwortet die Frage: **Was ist passiert?**

LÖSUNG

2 1B; 2A; 3B; 4A; 5B; 6B

25 Spanische Geschichte

Wenn das Imperfekt und das Indefinido in einer Aussage zusammentreffen, gilt eines von beidem:

1. Das Imperfekt stellt Beschreibung oder Hintergrund dar:

Cuando estaba en el colegio, estudié muchas cosas.	*Als ich in der Schule war, lernte ich viele Dinge.*

2. Das Indefinido drückt eine einmalige oder neu einsetzende Handlung aus:

Cuando comía en casa, sonó el teléfono.	*Ich aß gerade zu Hause, da klingelte das Telefon.*

4

Schreiben Sie die korrekte Imperfekt- oder Indefinidoform des Verbs in Klammern in die Lücken:

1. Cuando Eva (tener) ____________ dieciocho años, (ir) ____________ una vez a escalar *klettern*.

2. (ir) ____________ a pie al colegio hasta que mis padres me (regalar) ____________ una bicicleta.

3. Nosotros (estar) ____________ cenando, cuando nos lo (decir, él) ____________.

4. La temperatura (ser) ____________ agradable, así que (decidir) ____________ sentarnos en una terraza.

Politisch gliedert sich das heutige Spanien in 17 **comunidades autónomas**. Diese können in etwa mit den deutschen Bundesländern gleichgesetzt werden.

Die Staatsform Spaniens ist die einer *parlamentarischen Monarchie* **monarquía parlamentaria**. Das *Staatsoberhaupt* **Jefe de Estado** ist derzeit König Felipe VI.

Die Namen der spanischen Könige werden mit römischen Zahlen erweitert. Die Zahlen von I bis X werden wie Ordnungszahlen und ohne Artikel gesprochen. Man sagt also: **Juan Carlos Primero** oder **Fernando Segundo de Aragón** *Ferdinand der Zweite von Aragon*.
Ab XI werden an Stelle der Ordnungszahlen die Grundzahlen verwendet: Alfonso XII wird also **Alfonso doce** gesprochen.

LÖSUNG

4 1. tenía, fue; **2.** iba, regalaron; **3.** estábamos, dijo; **4.** era, decidimos

1 Grammatik

In der Grammatik werden alle im Kurs behandelten Regeln anschaulich erklärt. Das Symbol §, das Sie in den Lektionen immer wieder gefunden haben, verweist auf die jeweiligen Grammatikthemen, die Sie auf den nächsten Seiten nachlesen können.

2 Wortschatz

Im Lektionswortschatz finden Sie alle wichtigen Wörter und einige Sätze aus jeder Lektion. So können Sie den Wortschatz lektionsweise und thematisch lernen und hören. Die Tondateien finden Sie auf der CD2 und unter www.pons.de/all-inclusive-ES.

§ 1 ARTIKEL

	männlich bestimmt / unbest.	weiblich bestimmt / unbest.
Singular	**el / un**	**la / una**
Plural	**los / unos**	**las / unas**

1. Der bestimmte Artikel

el sombrero, los sombreros – *der Hut, die Hüte*
la chaqueta, las chaquetas – *die Jacke, die Jacken*

Beachten Sie die folgende Besonderheit:
Wenn ein weibliches Substantiv mit einem betonten **a-** beginnt, wird es nicht von **la** sondern von **el** begleitet. Das hat keinen Einfluss auf das Geschlecht des Wortes. Es wird so lediglich gewährleistet, dass sich der bestimmte Artikel deutlich vom Substantiv abgrenzen lässt: **el agua fría** – *das kalte Wasser*

2. Der unbestimmte Artikel

un español, una española – *ein Spanier, eine Spanierin*
unos hombres, unas mujeres – *einige Männer, einige Frauen*

Mit dem Plural des unbestimmten Artikels wird eine unbestimmte Menge angegeben. Die Verwendung des unbestimmten Artikels im Plural ist meist optional:

Tengo (unos) buenos amigos en Madrid.
Ich habe (einige) gute Freunde in Madrid.

§ 2 SUBSTANTIVE

Die spanischen Substantive sind männlich oder weiblich. Zum Geschlecht der Substantive gilt im Allgemeinen:

- Wörter, die auf **-o** enden, sind meistens männlich:
  el piso *die Wohnung*, **el amigo** *der Freund*
- Wörter, die auf **-a** enden, sind meistens weiblich:
  la hora *die Stunde*, **la amiga** *die Freundin*
- Wörter, die auf **-e** oder auf Konsonant enden, können männlich oder weiblich sein:
  el viaje *die Reise*, **la mujer** *die Frau*
- Wörter, die auf **-dad** enden, sind weiblich:
  la verdad *die Wahrheit*, **la ciudad** *die Stadt*
- Wörter, die auf **-ción** enden, sind weiblich:
  la información *die Information*
- Wörter, die auf **-ema** enden, sind männlich:
  el sistema *das System*, **el tema** *das Thema*
- Wörter, die Personen bezeichnen und auf **-ista** enden, können männlich und weiblich sein:
  el turista *der Tourist*, **la turista** *die Touristin*

Es gibt aber auch Ausnahmen:

- Weibliche Substantive auf **-o**:
  la foto *das Foto*, **la radio** *das Radio*, **la mano** *die Hand* usw.
- Männliche Substantive auf **-a**:
  el día *der Tag*

Um den Plural zu bilden, fügt man Substantiven ein **-s** hinzu:
curso, cursos - hora, horas

Substantiven, die auf Konsonanten enden, fügt man **-es** hinzu:
español, españoles - verdad, verdades

Substantive, die den Plural mit der Silbe -**es** bilden, erhalten oder verlieren einen Akzent, wenn nur so die Betonung beibehalten werden kann: **avión**, **aviones** - **joven**, **jóvenes**

§ 3 ADJEKTIVE

1. Adjektive richten sich in Geschlecht und Zahl nach dem Substantiv, auf das sie sich beziehen:
   Maite compra una casa nueva. - *Maite kauft ein neues Haus.*
   Ese chico es muy gordo. - *Dieser Junge ist sehr dick.*
2. Adjektive, die auf **-o** enden, bilden die weibliche Form auf **-a** Für den Plural gelten dieselben Regeln wie für Substantive:

	Singular	Plural
männlich	**un escritorio pequeño** *ein kleiner Schreibtisch*	**escritorios pequeños** *kleine Schreibtische*
weiblich	**una cocina pequeña** *eine kleine Küche*	**cocinas pequeñas** *kleine Küchen*

3. Adjektive, die auf **-e** oder Konsonant enden, haben nur eine Form für männlich und weiblich. Für den Plural gelten dieselben Regeln wie für Substantive:

	Singular	Plural
männlich	**un piso grande** *eine große Wohnung*	**pisos grandes** *große Wohnungen*
	un pantalón azul *eine blaue Hose*	**pantalones azules** *blaue Hosen*
weiblich	**una cama grande** *ein großes Bett*	**camas grandes** *große Betten*
	una falda azul *ein blauer Rock*	**faldas azules** *blaue Röcke*

4. Adjektive stehen meist nach dem Substantiv:
Esto es un libro importante. – *Das ist ein wichtiges Buch.*

Einige Adjektive können aber auch vor dem Substantiv stehen, z. B. wenn eine subjektive Bewertung ausgedrückt wird:
Es una bella mujer. – *Sie ist eine schöne Frau.*

Immer vorangestellt werden **mucho** *viel*, **poco** *wenig* und Adjektive in Grußformeln und Wünschen:
Tengo mucho trabajo. – *Ich habe viel Arbeit.*
Hoy hay poco tráfico. – *Heute gibt es wenig Verkehr.*
¡Buenos días! – *Guten Tag! / Guten Morgen!*
¡Felices vacaciones! – *Schöne Ferien!*

5. Einige Adjektive werden vor männlichen Substantiven im Singular verkürzt:
bueno → buen / un buen vino – *ein guter Wein*
malo → mal / un mal estudiante – *ein schlechter Student*

6. Bezieht sich ein Adjektiv auf mehrere Substantive oder Personen verschiedenen Geschlechts, so wird die männliche Pluralform verwendet:
   Ana y Pablo están cansados. - *Ana und Pablo sind müde.*

7. Bei der Pluralbildung kann es zu Änderungen in der Schreibweise oder in der Akzentsetzung kommen:
   El niño está feliz. - *Das Kind ist glücklich.*
   Los niños están felices. - *Die Kinder sind glücklich.*
   Chema es joven. - *Chema ist jung.*
   Chema y Jordi son jóvenes. - *Chema und Jordi sind jung.*

§ 4 ADVERBIEN

Während die Adjektive ein Substantiv näher bestimmen, bestimmen Adverbien ein Verb, ein Adjektiv, ein anderes Adverb oder einen ganzen Satz. Die folgenden Beispiele veranschaulichen den Unterschied zwischen Adjektiven und Adverbien: Im Satz *Das ist ein gutes Restaurant* definiert das Wort *gutes* das Substantiv (*Restaurant*), *gutes* ist also ein Adjektiv. Im Satz *In dem Restaurant isst man gut* definiert das Wort *gut* das Verb (*essen*), d. h. es ist ein Adverb.

Adverbien sind im Gegensatz zu den Adjektiven unveränderlich.

1. Adverbien auf -**mente**
   Adverbien können im Spanischen von Adjektiven abgeleitet werden, indem man die Endung -**mente** an die weibliche Form des Adjektivs anhängt:
   seguro / -a *sicher* →**seguramente** *sicherlich*

Wenn das Adjektiv nur eine Form für männlich und weiblich hat, hängt man die Endung -**mente** direkt an:
fácil *einfach* → **fácilmente** *einfach, mühelos*

Wenn das Adjektiv einen Akzent trägt, bleibt er auch beim Adverb erhalten.

2. Unregelmäßige Adverbien
Bien und **mal** sind die entsprechenden Adverbien zu den Adjektiven **bueno / -a** und **malo / -a**:
Ellos se llevan bien. – *Sie verstehen sich gut.*
Ese chico me cae mal. – *Ich mag diesen Jungen nicht.*

3. Adverbien bzw. adverbiale Ausdrücke der **Häufigkeit**

siempre
immer

normalmente
normalerweise

con frecuencia
oft, häufig

varias veces
mehrmals

algunas veces
einige Male

a veces
manchmal

casi nunca
fast nie

nunca
nie

todos los días
jeden Tag

cada día
jeden Tag

una vez al día / a la semana
einmal am Tag / in der Woche

una vez por día / por semana
einmal am Tag / in der Woche

una vez
einmal

raramente
selten

dos veces al mes / al año
zweimal im Monat / im Jahr

dos veces por día / por año
zweimal am Tag / im Jahr

§ 5 VERGLEICHE

1. **Bei Gleichheit**
   tan + Adjektiv + **como** *so ... wie*:
   Para mí hacer deporte es tan importante como salir con los amigos.
   Für mich ist Sport treiben genauso wichtig, wie mit Freunden auszugehen.

   tanto / -a / -os / -as + Substantiv + **como** *so viel(e) ... wie*:
   Chema tiene tantos amigos como Jordi.
   Chema hat so viele Freunde wie Jordi.

   tanto / -a / -os / -as stimmt mit dem Substantiv in Geschlecht und Zahl überein.

2. **Bei Überlegenheit**
   más + Adjektiv + **que**:
   Comer en la cantina es más práctico que comer en casa.
   In der Kantine zu essen ist praktischer, als zu Hause zu essen.

3. **Bei Unterlegenheit**
   menos + Adjektiv + que:
   Un pájaro es menos pesado que un perro.
   Ein Vogel ist weniger schwer als ein Hund.

Einige Adjektive haben unregelmäßige Formen für den Vergleich der Überlegenheit, z. B.: **bueno / -a** *gut* → **mejor** *besser oder* **malo / -a** *schlecht* → **peor** *schlechter.*

§ 6 STEIGERUNG

Ein sehr hoher Grad bzw. der höchste Grad einer Eigenschaft wird ausgedrückt, indem man das Adverb **muy** verwendet bzw. die Endung **-ísimo / -a / -os / -as** anhängt.

- Bei Adjektiven, die auf Konsonant enden, wird direkt **-ísimo** angehängt:
  muy fácil → **facilísimo** *sehr leicht*
- Bei Adjektiven, die auf Vokal enden, wird **-ísimo** anstelle des Endvokals angefügt:
  muy caro → **carísimo** *sehr teuer*
  muy grande → **grandísimo** *sehr groß*

Damit die Aussprache erhalten bleibt, muss man manchmal die Schreibweise ändern:
muy largo → **larguísimo** *sehr lang*
muy rico → **riquísimo** *sehr reich*

Besonders ausdrucksstarke Adjektive, wie z. B. **fantástico**, können keine Form mit der Endung **-ísimo** bilden. Stattdessen kann man sie mit **realmente** verstärken:
fantástico → **realmente fantástico** *toll* → *echt toll*

§ 7 MUY / MUCHO

muy *sehr* und **mucho** als Adverb *sehr, viel* sind unveränderlich. **muy** steht vor Adjektiven (z. B. **amable**) oder Adverbien (z. B. **tarde**):
Es un chico muy amable. – *Er ist ein sehr netter Junge.*
¡Es muy tarde! – *Es ist sehr spät!*

mucho steht nach dem Verb, auf das es sich bezieht, oder allein:
Nos hemos divertido mucho. – *Wir haben uns sehr amüsiert.*
¿Le ha gustado, abuela? – ¡Mucho! – *Hat es Ihnen gefallen, Großmutter? – Sehr!*

> **! Aufgepasst: mucho** kann auch als Adjektiv auftreten. In diesem Fall gleicht es sich an das Substantiv an, auf das es sich bezieht:
> **Tengo muchas amigas en México.**
> *Ich habe viele Freundinnen in Mexiko.*

§ 8 REGELMÄSSIGE VERBEN IM PRÄSENS

Die Verben im Spanischen werden ihren Infinitivendungen entsprechend in drei Gruppen eingeteilt:

1. Konjugation: Verben mit Infinitiv auf **-ar**
2. Konjugation: Verben mit Infinitiv auf **-er**
3. Konjugation: Verben mit Infinitiv auf **-ir**

Die regelmäßigen Verben werden im Präsens folgendermaßen konjugiert:

1. **Regelmäßige Verben auf -ar**
   An den Wortstamm (d. h. das, was übrig bleibt, wenn man die Endung **-ar** weglässt) werden die folgenden Endungen angehängt:

   trabajar *arbeiten*

yo	**trabajo**	*ich arbeite*
tú	**trabajas**	*du arbeitest*
él / ella / usted	**trabaja**	*er / sie / es arbeitet / Sie arbeiten*
nosotros / -as	**trabajamos**	*wir arbeiten*
vosotros / -as	**trabajáis**	*ihr arbeitet*
ellos / -as / ustedes	**trabajan**	*sie / Sie arbeiten*

2. **Regelmäßige Verben auf -er**
   An den Wortstamm werden die folgenden Endungen angehängt:

   comer *essen*

yo	**como**	*ich esse*
tú	**comes**	*du isst*
él / ella / usted	**come**	*er / sie / es isst / Sie essen*
nosotros / -as	**comemos**	*wir essen*
vosotros / -as	**coméis**	*ihr esst*
ellos / -as / ustedes	**comen**	*sie / Sie essen*

3. **Regelmäßige Verben auf -ir**
   An den Wortstamm werden die folgenden Endungen angehängt:

   vivir *wohnen, leben*

yo	**vivo**	*ich lebe*
tú	**vives**	*du lebst*
él / ella / usted	**vive**	*er / sie / es lebt / Sie leben*
nosotros / -as	**vivimos**	*wir leben*
vosotros / -as	**vivís**	*ihr lebt*
ellos / -as / ustedes	**viven**	*sie / Sie leben*

§ 9 UNREGELMÄSSIGE VERBEN IM PRÄSENS

Die unregelmäßigen Verben werden im Präsens nach den folgenden Mustern konjugiert:

1. **Unregelmäßigkeit nur in der 1. Person Singular**
   Viele Verben werden nur in der ersten Person Singular Präsens unregelmäßig konjugiert:

   estar *sein, sich befinden, liegen*

yo	**estoy**	*ich bin*
tú	**estás**	*du bist*
él / ella / usted	**está**	*er / sie / es ist / Sie sind*
nosotros / -as	**estamos**	*wir sind*
vosotros / -as	**estáis**	*ihr seid*
ellos / -as / ustedes	**están**	*sie / Sie sind*

Auch bei den folgenden Verben ist die erste Person Singular unregelmäßig. Alle anderen Formen werden wie bei regelmäßigen Verben auf -**er** gebildet:

hacer → yo hago
machen, tun

conocer → yo conozco
kennen(lernen)

poner → yo pongo
stellen, legen, geben

saber → yo sé
wissen

traer → yo traigo
bringen

ver → yo veo
sehen

2. **Unregelmäßige Verben mit Änderung im Stamm**
Bei einigen Verben ändert sich der Stammvokal in den Formen, bei denen die Betonung auf den Wortstamm fällt, also bei allen Formen außer der ersten und der zweiten Person Plural.

e → ie:
querer *wollen, möchten*

yo	**quiero**	*ich will*
tú	**quieres**	*du willst*
él / ella / usted	**quiere**	*er / sie / es will / Sie wollen*
nosotros / -as	**queremos**	*wir wollen*
vosotros / -as	**queréis**	*ihr wollt*
ellos / -as / ustedes	**quieren**	*sie / Sie wollen*

Dasselbe Phänomen ist bei den folgenden Verben zu beachten:

preferir → *vorziehen*	**yo prefiero** **nosotros / -as preferimos**
empezar → *anfangen*	**yo empiezo** **nosotros / -as empezamos**
pensar → *denken*	**yo pienso** **nosotros / -as pensamos**
sentir → *fühlen*	**yo siento** **nosotros / -as sentimos**

Bei einigen Verben ist ein Vokalwechsel von **o → ue** zu beobachten:

poder → *können, dürfen*	**yo puedo** **nosotros / -as podemos**
almorzar → *zu Mittag essen*	**yo almuerzo** **nosotros / -as almorzamos**
acostarse → *ins Bett gehen*	**yo me acuesto** **nosotros nos acostamos**
dormir → *schlafen*	**yo duermo** **nosotros dormimos**
doler *weh tun* **→**	**me duele**

Achtung: **doler** wird mit indirekten Pronomen verwendet:
Me duele la mano. – *Mir tut die Hand weh.*

Die folgenden Verben haben einen Vokalwechsel von **e** → **i**:

seguir → *weitergehen, -machen*	**yo sigo** **nosotros / -as seguimos**
conseguir → *erreichen, finden*	**yo consigo** **nosotros / -as conseguimos**
elegir → *(aus)wählen*	**yo elijo** **nosotros / -as elegimos**
freír → *frittieren, braten*	**yo frío** **nosotros / -as freímos**
pedir → *bestellen*	**yo pido** **nosotros / -as pedimos**
repetir → *wiederholen*	**yo repito** **nosotros / -as repetimos**
servir → *dienen*	**yo sirvo** **nosotros / -as servimos**
vestir → *kleiden*	**yo visto** **nosotros / -as vestimos**

Bei den Verben **seguir**, **conseguir** und **elegir** ist außerdem zu beachten, dass es in der ersten Person Singular zu einer orthographischen Veränderung kommt, damit die Aussprache erhalten bleibt:

-gu- → **-g-**:	**seguir** → **sigo** **conseguir** → **consigo**
-g- → **-j-**:	**elegir** → **elijo**

3. Gemischte Verben

Diese Verben haben nicht nur eine unregelmäßige erste Person Singular, sondern sie weisen auch eine Veränderung des Stammvokals auf:

tener *haben*

yo	**tengo**	*ich habe*
tú	**tienes**	*du hast*
él / ella / usted	**tiene**	*er / sie / es hat / Sie haben*
nosotros / -as	**tenemos**	*wir haben*
vosotros / -as	**tenéis**	*ihr habt*
ellos / -as / ustedes	**tienen**	*sie / Sie haben*

decir *sagen*

yo	**digo**	*ich sage*
tú	**dices**	*du sagst*
él / ella / usted	**dice**	*er / sie / es sagt / Sie sagen*
nosotros / -as	**decimos**	*wir sagen*
vosotros / -as	**decís**	*ihr sagt*
ellos / -as / ustedes	**dicen**	*sie / Sie sagen*

4. Sehr unregelmäßige Verben

ser *sein*

yo	**soy**	*ich bin*
tú	**eres**	*du bist*
él / ella / usted	**es**	*er / sie / es ist / Sie sind*
nosotros / -as	**somos**	*wir sind*
vosotros / -as	**sois**	*ihr seid*
ellos / -as / ustedes	**son**	*sie / Sie sind*

ir *gehen*

yo	**voy**	*ich gehe*
tú	**vas**	*du gehst*
él / ella / usted	**va**	*er / sie / es geht / Sie gehen*
nosotros / -as	**vamos**	*wir gehen*
vosotros / -as	**vais**	*ihr geht*
ellos / -as / ustedes	**van**	*sie / Sie gehen*

§ 10 PERFEKT / FORM UND GEBRAUCH

1. Form

Das Perfekt wird aus einer Form von **haber** + Partizip gebildet:
He trabajado. – *Ich habe gearbeitet.*

Die Verben auf **-ar** bilden das Partizip mit der Endung **-ado**:
cantar → **cantado** – **tomar** → **tomado**

Die Verben auf **-er** und **-ir** enden im Partizip auf **-ido**:
comer → **comido** – **vivir** → **vivido**

Zusammengesetzt sieht das Perfekt dann wie folgt aus:

yo	**he** *habe*	**trabajado**
tú	**has** *hast*	*gearbeitet*
él / ella / usted	**ha** *hat / haben*	**comido**
nosotros / -as	**hemos** *haben*	*gegessen*
vosotros / -as	**habéis** *habt*	**vivido**
ellos / -as / ustedes	**han** *haben*	*gelebt*

Einige Verben haben unregelmäßige Partizipformen:
abrir → abierto *(geöffnet)* **hacer → hecho** *(gemacht)*
decir → dicho *(gesagt)* **escribir → escrito** *(geschrieben)*
ver → visto *(gesehen)* **volver → vuelto** *(zurückgekehrt)*
poner → puesto *(gestellt, gesetzt, gelegt)*

Wenn ein Pronomen - sei es direkt, indirekt oder ein Reflexivpronomen - ein Verb im Perfekt begleitet, steht es unmittelbar vor der Form von **haber**:
¿Has visto a la abuela en el bar de Paco?
Hast du die Großmutter in der Bar von Paco gesehen?
Sí, la he visto. - *Ja, ich habe sie gesehen.*

Los chicos no se han lavado las manos.
Die Kinder haben sich nicht die Hände gewaschen.

Im Falle einer Verneinung steht diese nicht wie sonst üblich direkt vor dem Verb, sondern vor dem Pronomen:
No, no la he visto. - *Nein, ich habe sie nicht gesehen.*

2. Gebrauch

Das Perfekt ist eine Vergangenheitsform, die in enger Beziehung zur Gegenwart steht. Es wird deshalb zusammen mit Zeitangaben gebraucht, die auf die Gegenwart bzw. auf einen noch gegenwärtigen Zeitraum hinweisen: **hoy** *heute*, **esta mañana** *heute morgen*, **esta semana** *diese Woche*, **este año** *dieses Jahr* etc.:
¿Qué has hecho hoy? - *Was hast du heute gemacht?*
Este año he trabajado mucho. - *Dieses Jahr habe ich viel gearbeitet.*

Außerdem wird das Perfekt für Ereignisse gebraucht, deren Zeitpunkt nicht näher bestimmt wird bzw. keine Rolle spielt. Diese werden von Ausdrücken wie den folgenden begleitet: **alguna vez** *einmal*, **todavía no** *noch nicht*, **muchas veces** *oft*, **nunca** *nie / niemals* etc.:

¿Has estado alguna vez en Madrid?
Bist du schon einmal in Madrid gewesen?
No hemos ido nunca a Valencia.
Wir sind nie nach Valencia gefahren.

§ 11 INDEFINIDO / FORMEN UND GEBRAUCH

1. Regelmäßige Formen

	trabajar	comer	vivir
yo	trabajé	comí	viví
tú	trabajaste	comiste	viviste
él / ella / usted	trabajó	comió	vivió
nosotros / -as	trabajamos	comimos	vivimos
vosotros / -as	trabajasteis	comisteis	vivisteis
ellos / -as / ustedes	trabajaron	comieron	vivieron

2. Unregelmäßige Formen

Bei unregelmäßigen Indefinidoformen ist nur auf die Veränderung im Verbstamm zu achten. Die Endungen lauten immer: **-e**, **-iste**, **-o**, **-imos**, **-isteis**, **-ieron**.

tener *haben* → **tuve, tuviste, tuvo ...**
estar *sein* → **estuve, estuviste, estuvo ...**
saber *wissen* → **supe, supiste, supo ...**

poder *können* → **pude, pudiste, pudo ...**
poner *legen, stellen, setzen* → **puse, pusiste, puso ...**
(**proponer** *vorschlagen* wird wie **poner** konjugiert.)

hay *es gibt* → **hubo**
querer *wollen* → **quise, quisiste, quiso ...**
venir *kommen* → **vine, viniste, vino ...**

Bei einigen Verben sind Besonderheiten zu beachten:
hacer *machen* → **hice, hiciste, hizo ...**
decir *sagen* → **dije, dijiste, dijo, ... dijeron**
traer *bringen* → **traje, trajiste, trajo, ... trajeron**
buscar *suchen* → **busqué, buscaste, buscó ...**
empezar *anfangen* → **empecé, empezaste, empezó ...**
llegar *ankommen* → **llegue, llegaste, llegó ...**
leer *lesen* → **leí, leíste, leyó, ... leyeron**
creer *glauben* → **creí, creíste, creyó ... creyeron**

Bei Verben auf -**ir**, die im Präsens einen Vokalwechsel haben (z. B. **pedir** → **pido**, **divertirse** → **me divierto, dormir** → **duermo)**, wechselt im Indefinido der Stammvokal von **e** zu **i** bzw. von **o** zu **u**. Dieser Wechsel findet aber nur in der 3. Person Singular und Plural statt:

pedir *bitten* → **pidió, pidieron**
divertirse *sich amüsieren* → **se divirtió, se divirtieron**
dormir *schlafen* → **durmió, durmieron**

ser und **ir** haben im Indefinido identische Formen:

yo	**fui**
tú	**fuiste**
él / ella / usted	**fue**
nosotros / -as	**fuimos**
vosotros / -as	**fuisteis**
ellos / -as / ustedes	**fueron**

3. **Gebrauch**

Das Indefinido wird für Handlungen oder Ereignisse verwendet, die vom Sprechenden als abgeschlossen betrachtet werden. Es steht deshalb häufig in Verbindung mit Zeitangaben wie **el otro día** *neulich*, **ayer** *gestern*, **la semana pasada** *letzte Woche*, **el mes pasado** *letzten Monat*, **el año pasado** *letztes Jahr*, **en 1970** etc.:
El otro día vi a Ana en el médico y hablamos un rato.
Neulich sah ich Ana beim Arzt und wir unterhielten uns eine Weile.

Das Indefinido wird in einigen Regionen Spaniens und in den meisten Ländern Lateinamerikas anstelle des Perfekts benutzt:
¿Adónde fuiste hoy? / ¿Adónde has ido hoy?
Wohin bist du heute gegangen?

§ 12 IMPERFEKT / FORM UND VERWENDUNG

1. Regelmäßige Formen

	trabajar	comer	vivir
yo	trabajaba	comía	vivía
tú	trabajabas	comías	vivías
él / ella / usted	trabajaba	comía	vivía
nosotros / -as	trabajábamos	comíamos	vivíamos
vosotros / -as	trabajabais	comíais	vivíais
ellos / -as / ustedes	trabajaban	comían	vivían

2. Unregelmäßige Formen

ser – era, eras, era, éramos, erais, eran
ver – veía, veías, veía, veíamos, veíais, veían
ir – iba, ibas, iba, íbamos, ibais, iban

Das Imperfekt von **hay** *(es gibt)* lautet **había**.

3. Gebrauch

Das Imperfekt dient der Beschreibung vergangener Zustände, Situationen und Umstände.

- Beschreibung eines Zustandes:
  ¡Estábamos preocupadísimas! – *Wir waren sehr besorgt!*
- Beschreibung eines Gegenstandes bzw. Sachverhaltes:
  El hotel era fantástico. – *Das Hotel war fantastisch.*
- Beschreibung einer Person:
  Tenía los ojos azules. – *Er / Sie hatte blaue Augen.*

- Beschreibung einer Situation:
  Hacía mucho calor. – *Es war sehr warm.*

- Beschreibung von wiederholten Handlungen und Gewohnheiten:
  Cuando tenía tu edad, iba a bailar a las verbenas.
  Als ich in deinem Alter war, bin ich (immer) auf die Dorffeste zum Tanzen gegangen.

- Beschreibung einer Situation, die den Hintergrund bzw. Umstand für eine neu eintretende Handlung bildet (die neue Handlung steht dann im Indefinido oder Perfekt):
  La temperatura era muy agradable, había mucha gente en la plaza y el grupo musical era excelente, así que decidimos sentarnos en una terraza y tomar algo.
  Die Temperatur war sehr angenehm, es waren viele Leute auf dem Platz und die Musikgruppe war ausgezeichnet. Also haben wir entschieden, uns auf eine (Bar)Terrasse zu setzen und etwas zu trinken.

Das Imperfekt steht häufig mit Angaben wie **antes** *früher*, **siempre** *immer*, **todos los días** *jeden Tag*, **mientras** *während*, etc.

Das Indefinido, mit dem neu einsetzende Handlungen ausgedrückt werden, steht häufig mit Angaben wie **entonces** *dann*, **de repente** *plötzlich*, **de pronto** *auf einmal*, **enseguida** *sofort*, **un día** *eines Tages*, etc.

§ 13 FUTUR / FORMEN UND GEBRAUCH

1. Form

Die regelmäßig gebildeten Futurformen bestehen aus Infinitiv + Futurendung (-**é**, -**ás**, -**á**, -**emos**, -**éis**, -**án**):

	trabajar	comer	vivir
yo	trabajaré	comeré	viviré
tú	trabajarás	comerás	vivirás
él / ella / usted	trabajará	comerá	vivirá
nosotros / -as	trabajaremos	comeremos	viviremos
vosotros / -as	trabajaréis	comeréis	viviréis
ellos / -as / ustedes	trabajarán	comerán	vivirán

Aussagen über die Zukunft werden alternativ mit einer Form von **ir** + **a** + Infinitiv gemacht.

2. Gebrauch

Mit dem Futur spricht man über bzw. äußert man:

- zukünftige Geschehnisse, Handlungen oder Zustände:
  Yo te llamaré mañana. – *Ich werde dich morgen anrufen.*
- Vermutungen:
  ¿Dónde está Pepe? – Estará en el garaje.
  Wo ist Pepe? – Er wird wohl in der Garage sein.
- offene und rhetorische Fragen:
  ¿Dónde estarán mis gafas? – *Wo wohl meine Brille ist?*

§ 14 IMPERATIV

Aufforderungen werden mit dem Imperativ geäußert:

	hablar	comer	vivir
tú	habla no hables	come no comas	vive no vivas
usted	hable no hable	coma no coma	viva no viva
nosotros	hablemos no hablemos	comamos no comamos	vivamos no vivamos
vosotros	hablad no habléis	comed no comáis	vivid no viváis
ustedes	hablen no hablen	coman no coman	vivan no vivan

- Beim Imperativ der reflexiven Verben entfällt in der 2. Person Plural das **-d-**:
  ¡Sentaos!, por favor. – *Setzt euch, bitte.*
- Unregelmäßige Formen in der 2. Person Singular:
  decir → di, **hacer → haz**, **ir → ve**, **poner → pon**, **salir → sal**, **tener → ten**, **venir → ven**

§ 15 GERUNDIUM / FORM UND GEBRAUCH

1. Form

Das Gerundium lässt sich sehr leicht vom Infinitiv ableiten: Verben auf **-ar** erhalten die Endung **-ando**, Verben auf **-er** und **-ir** die Endung **-iendo**:

trabajar → trabajando
comer → comiendo
vivir → viviendo

Es gibt auch einige unregelmäßige Formen des Gerundiums:

- Änderung des Stammvokals **e → i** (wie in den Präsensformen der entsprechenden Verben):
  decir → diciendo **divertir → divirtiendo**
- Änderung des Stammvokals **o → u**:
  dormir → durmiendo
- Wenn der Verbstamm auf einem Vokal endet, wird die Endung -**iendo** zu **-yendo**:
  leer → leyendo

Das Gerundium von **ir** lautet **yendo**.

2. Gebrauch

Um eine Handlung, die gerade stattfindet, zu beschreiben, verwendet man die Struktur **estar** + Gerundium:
¡Estoy preparando algo de cena!
Ich koche gerade etwas zum Abendessen!

Wenn der Satz ein Pronomen enthält, steht es entweder vor der Form von **estar** oder es wird an das Gerundium angehängt. In diesem Fall ist ein Akzent erforderlich, damit die Betonung erhalten bleibt:

Le estoy escribiendo una carta. ⇔ **Estoy escribiéndole una carta.** – *Ich schreibe ihm gerade einen Brief.*

¿Te estás afeitando, Agustín? ⇔ **¿Estás afeitándote, Agustín?** – *Rasierst du dich gerade, Agustín?*

Das Gerundium kann auch allein vorkommen. Es steht dann anstelle eines Nebensatzes, der im Deutschen mit *indem* oder *wenn* eingeleitet wird:
Comiendo en la cantina se ahorra tiempo y dinero.
Wenn man in der Kantine isst, spart man Zeit und Geld.

Sehr häufig tritt das Gerundium nicht mit **estar,** sondern in Verbindung mit den Verben **pasar** *verbringen* und **seguir** *weitermachen* auf:

Yo siempre paso las tardes leyendo.
Ich verbringe die Nachmittage immer mit Lesen.

Vamos a seguir buscando.
Lass uns weitersuchen.

§ 16 SER UND ESTAR

Ser wird für folgende Angaben verwendet:

- Namen, Identität:
  Yo soy Chema. – *Ich bin Chema.*
  Esta es mi hermana. – *Das ist meine Schwester.*

- Herkunft, Nationalität:
  Rosita es mexicana. – *Rosita ist Mexikanerin.*

- Beruf, Stellung:
  Agustín es jefe del departamento de ventas.
  Agustín ist Leiter der Verkaufsabteilung.

- Eigenschaften von Personen und Dingen:
  Chema y Jordi son muy simpáticos.
  Chema und Jordi sind sehr sympathisch.
  México es un país fantástico. – *Mexiko ist ein tolles Land.*

- Uhrzeit:
  Es la una y media. – *Es ist halb zwei.*
  Son las ocho. – *Es ist acht Uhr.*

Estar wird für folgende Angaben verwendet:

- geographische / örtliche Lage:
  El bolso está encima de la mesa.
  Die Tasche ist auf dem Tisch.

- persönliches Befinden:
  ¿Cómo está usted? – *Wie geht es Ihnen?*

- vorübergehende oder veränderliche Zustände und Eigenschaften:
  La habitación está desordenada.
  Das Zimmer ist unordentlich.
  Estoy muy contenta en Madrid.
  Ich bin sehr zufrieden in Madrid.

- Bewertungen für Speisen und Getränke:
  Estas naranjas están muy ricas.
  Diese Orangen sind sehr lecker.

- mit dem Adverb **bien und mal**:
  ¿Está bien así? – *Ist es gut so?*

Beachten Sie! Einige Adjektive haben jeweils eine andere Bedeutung, je nachdem ob sie mit **ser** oder **estar** stehen:
ser cansado / -a – *ermüdend, anstrengend sein*
estar cansado / -a – *müde sein*

§ 17 REFLEXIVE VERBEN

Reflexive Verben erkennt man an der Infinitivendung -**se**, z. B. **ducharse** *sich duschen*, **llamarse** *heißen*. Sie setzen sich aus Reflexivpronomen + Verbform zusammen:

yo	**me llamo**	*ich heiße*
tú	**te llamas**	*du heißt*
él / ella / usted	**se llama**	*er / sie / es heißt / Sie heißen*
nosotros / -as	**nos llamamos**	*wir heißen*
vosotros / -as	**os llamáis**	*ihr heißt*
ellos / -as / ustedes	**se llaman**	*sie / Sie heißen*

Beachten Sie, dass einige Verben im Spanischen reflexiv gebraucht werden, während sie im Deutschen nicht reflexiv sind, z. B. **levantarse** *aufstehen* oder **llamarse** *heißen*.

§ 18 PERSONALPRONOMEN

Subjekt	direktes Objekt	indirektes Objekt	Reflexiv	mit Präposition
yo	**me**	**me**	**me**	**a mí / comigo**
tú	**te**	**te**	**te**	**a ti / contigo**
él	**lo / le**	**le (se)**	**se**	**él**
ella	**la**	**le (se)**	**se**	**ella**
usted	**lo / le, la**	**le (se)**	**se**	**usted**
nosotros / -as	**nos**	**nos**	**nos**	**nosotros / -as**
vosotros / -as	**os**	**os**	**os**	**vosotros / -as**

ellos	**los**	**les (se)**	**se**	**ellos**
ellas	**las**	**les (se)**	**se**	**ellas**
ustedes	**los / las**	**les (se)**	**se**	**ustedes**

1. **Personalpronomen als Subjekt**
   Da das Subjekt des Satzes bereits aus der Endung des spanischen Verbs ersichtlich ist, entfällt das Subjektpronomen in der Regel:
   Vamos a dar un paseo, ¿quieres venir?
   Wir machen einen Spaziergang. Kommst du mit?

   Das Subjektpronomen wird gebraucht, um die Identität des Subjektes besonders hervorzuheben. Dies ist häufig in kontrastiven Gegenüberstellungen der Fall:
   – Tú no eres de aquí, ¿verdad? – No, yo soy de Holanda.
   Du bist nicht von hier, oder? – Nein, ich komme aus Holland.

2. **Personalpronomen als direktes / indirektes Objekt**
   Das Objekt eines Satzes erscheint zu Betonungszwecken oft doppelt. Dies ist v. a. bei Verben des Typs **me gusta, me interesa, me parece** … der Fall:
   A mí me gusta el café. – *Ich mag gerne Kaffee.*

   Wenn das Objekt dem Verb vorangeht, ist das zusätzliche Objektpronomen obligatorisch:
   A ella no la conozco. – *Ich kenne sie nicht.*

3. **Stellung der Pronomen**
   Im Regelfall steht das Pronomen direkt vor dem Verb:
   ¿Te he visto en el bar? – *Habe ich dich in der Bar gesehen?*

Aber: Wenn das Verb als bejahter Imperativ oder Infinitiv erscheint, wird das Pronomen nachgestellt und bildet mit der Verbform ein einziges Wort:
Decirlo es fácil, hacerlo no. – *Es ist leichter gesagt als getan.*

Nach Verben wie **me gusta, me interesa ...** + Infinitiv steht das Pronomen ebenfalls hinter dem Infinitiv:
Me interesa aceptarlo. – *Ich bin geneigt es anzunehmen.*

Bei einem konjugierten Verb + Infinitiv oder Gerundio sind beide Positionen möglich:
No lo quiero hacer. ⇔ **No quiero hacerlo.**
Ich will das nicht machen.

Das indirekte Objektpronomen geht dem direkten voraus:
¿Te gusta la camisa? Me la ha regalado Carmen.
Gefällt dir die Bluse? Carmen hat sie mir geschenkt.

Bei folgender Kombination wird **le / les** zu **se**:
le / les + **lo / la / los / las** → **se lo / la / los / las**
Le he mandado una carta. Se la he mandado.
Ich habe ihm einen Brief geschickt. Ich habe ihn ihm geschickt.

§ 19 POSSESSIVPRONOMEN

vor Substantiv		nach Substantiv / ser / best. Artikel	
Singular	*Plural*	*Singular*	*Plural*
mi	**mis**	**mío / -a**	**míos / -as**
tu	**tus**	**tuyo / -a**	**tuyos / -as**
su	**sus**	**suyo / -a**	**suyos / -as**
nuestro / -a	**nuestros / -as**	**nuestro / -a**	**nuestros / -as**
vuestro / -a	**vuestros / -as**	**vuestro / -a**	**vuestros / -as**
su	**sus**	**suyo / -a**	**suyos / -as**

- **¿Este es mi diccionario?** – *Ist das hier mein Wörterbuch?*
- **No, este es mío, el tuyo está en la mesa.**
  Nein, dieses hier ist meins, deins liegt auf dem Tisch.

Da die Formen **su / sus** ohne einen näheren Kontext mehrdeutig sind, kann zur eindeutigen Bezeichnung des Besitzers die Präposition **de** gebraucht werden:
su libro → el libro de Sara, el libro de ellos, etc.

2 WORTSCHATZ

ALLGEMEIN

sí	*ja*
no	*nein, nicht*
y	*und*
pero	*aber*
un / -a	*ein(e)*
unos / -as	*einige*
yo	*ich*
tú	*du*
él	*er*
ella	*sie*
usted	*Sie*
nosotros / -as	*wir*
vosotros / -as	*ihr*
ellos / -as	*sie (Pl)*
ustedes	*Sie (Pl)*
como	*wie*
porque	*weil*
¿cuánto / -a / -os / -as?	*wie viel(e)?*
¿cuándo?	*wann?*
¿cómo?	*wie?*
¿qué?	*was?*
desde	*seit*
hasta	*bis*
mientras	*während*
de	*von*
con	*mit*
para / por	*für*
entre	*zwischen*
cerca (de)	*nahe*
siempre	*immer*
también	*auch*
nada	*nichts*
poco	*ein bisschen, wenig*
mucho	*viel, sehr*
muy	*sehr*
algo	*etwas*
más	*mehr*
todo	*alles*
ahora	*jetzt*
hoy	*heute*
mañana	*morgen*
el día	*Tag*
la noche	*Nacht*
la semana	*Woche*
el mes	*Monat*
el año	*Jahr*
entonces	*dann*
este / esta / esto	*diese(r / s)*
allá / allí	*dort*
bien	*gut*
mal	*schlecht*
grande	*groß*
ser	*sein*
estar	*sein, sich befinden*
hay	*es gibt*
ir	*gehen*
hacer	*machen*
tener	*haben*
tener que / deber	*müssen; sollen*
saber	*wissen, können*
poder	*können, dürfen*
poner	*setzen, stellen, legen*
comprender	*verstehen*
querer	*wollen*
gustar	*mögen*
creer	*glauben*
comer	*essen*
beber	*trinken*
tomar	*nehmen, trinken*
cenar	*zu Abend essen*
comprar	*kaufen*
conocer	*kennen(lernen)*
dar	*geben*
decir	*sagen*

venir	*kommen*
hablar	*sprechen*
vivir	*leben*
el coche	*Auto*
el hombre	*Mann*
la mujer	*Frau*
el viaje	*Reise*
viajar	*reisen*
la casa	*Haus*

LEKTION 1
DIE RICHTIGE AUSSPRACHE

hola	*hallo*
¿Qué tal?	*Wie geht's?*
¡Hasta la vista!	*Auf Wiedersehen!*
gracias	*danke*
la cerveza	*Bier*
la cocina	*Küche*
poquito	*wenig*
Argentina	*Argentinien*
el garaje	*Garage*
la guerrilla	*Guerilla*
el pasillo	*Flur*
el baño	*Bad*
el queso	*Käse*
la guitarra	*Gitarre*
la castañuela	*Kastagnette*
la vela	*Kerze*
el hijo	*Sohn*
el zapato	*Schuh*
el ángel	*Engel*
el azúcar	*Zucker*
gordo / -a	*dick*
la fecha	*Datum*
catalán	*katalanisch*
el número	*Nummer*
el bolígrafo	*Kugelschreiber*
español(a)	*spanisch*
el / la amigo / -a	*Freund(in)*
el lápiz	*Bleistift*
el periódico	*Zeitung*
la música	*Musik*
el motor	*Motor*
el éxito	*Erfolg*
el andén	*Bahnsteig*
los Andes	*Anden*
el machete	*Machete*
el sombrero	*Hut*
el jerez	*Sherry*
el cigarrillo	*Zigarette*
anónimo / -a	*anonym*
el autobús	*(Omni)Bus*
el café	*Café, Kaffee*

LEKTION 2
INS GESPRÄCH KOMMEN

¡Hola!	*Hallo!*
¡Buenos días!	*Guten Morgen! / Guten Tag!*
¡Buenas tardes!	*Guten Tag!*
¡Buenas noches!	*Guten Abend! / Gute Nacht!*
¡Adiós!	*Auf Wiedersehen!*
¡Hasta pronto!	*Bis bald!*
¡Hasta mañana!	*Bis morgen!*
¡Hasta luego!	*Bis später! / Tschüss!*
¿Qué tal?	*Wie geht's?*
gracias	*danke*
tratar de usted	*siezen*
tutear	*duzen*
próximo / -a	*nahe, nächste*
inteligente	*intelligent*
el / la español(a)	*Spanier(in)*

el / la francés (-esa)	*Franzose(-ösin)*
alemán(-ana)	*deutsch*
Inglaterra	*England*
Italia	*Italien*
Polonia	*Polen*
Rumanía	*Rumänien*
Austria	*Österreich*
Suiza	*Schweiz*
el país	*Land*
contento / -a	*zufrieden*
la playa	*Strand*
el taxi	*Taxi*
¿De dónde?	*Woher?*
diferente	*verschieden*
¿Cómo?	*Wie?*
llamarse	*heißen*
el nombre	*Name*
el apellido	*Nachname*

LEKTION 3 AUSBILDUNG UND BERUF

trabajar	*arbeiten*
estudiar	*studieren*
aprender	*lernen*
cantar	*singen*
vender	*verkaufen*
mirar	*anschauen*
alquilar	*mieten*
el / la señor(a)	*Herr / Dame*
el niño	*Kind*
el / la doctor (a)	*Doktor(in)*
el paraguas	*Regenschirm*
el / la pintor(a)	*Maler(in)*
la enfermera	*Krankenschwester*
el / la informático / -a	*Informatiker(in)*
el / la cocinero / -a	*Koch, Köchin*
el / la cantante	*Sänger(in)*
el cartero / -a	*Briefträger(in)*
el / la bombero / -a	*Feuerwehrmann / -frau*
el actor, la actriz	*Schauspieler(in)*
el / la profesor (a)	*Lehrer(in)*
el / la recepcionista	*Empfangschef(in)*
la azafata	*Stewardess*
el aeropuerto	*Flughafen*
el hotel	*Hotel*
la escuela	*Schule*
el hospital	*Krankenhaus*

LEKTION 4 FREUNDE UND VERWANDTE

llamarse	*heißen*
presentar	*vorstellen*
Mucho gusto.	*Sehr erfreut.*
Encantado.	*Angenehm.*
el estado civil	*Familienstand*
soltero / -a	*ledig*
casado / -a	*verheiratet*
divorciado / -a	*geschieden*
viudo / -a	*verwitwet*
el / la novio / -a	*Freund(in) in einer Liebesbeziehung*
el / la vecino / -a	*Nachbar(in)*
el / la amigo / -a	*Freund(in)*
el / la colega	*Kollege / -in*
el marido	*Ehemann*
los abuelos	*Großeltern*

el / la abuelo / -a	*Großvater / -mutter*
los hermanos	*Geschwister*
el / la hermano / -a	*Bruder / Schwester*
el / la hijo / -a	*Sohn / Tochter*
los padres	*Eltern*
la madre	*Mutter*
el padre	*Vater*
el / la tío / -a	*Onkel / Tante*
el / la nieto / -a	*Enkel(in)*
el / la primo / -a	*Cousin / -e*
el / la cuñado (-a)	*Schwager / Schwägerin*
el / la sobrino / -a	*Neffe / Nichte*

LEKTION 5 PERSONENBESCHREIBUNGEN

el pantalón	*Hose*
la camisa	*Hemd*
el zapato	*Schuh*
la chaqueta	*Jacke*
la blusa	*Bluse*
el sombrero	*Hut*
marrón	*braun*
negro / -a	*schwarz*
blanco / -a	*weiß*
amarillo / -a	*gelb*
gris	*grau*
azul	*blau*
rojo / -a	*rot*
verde	*grün*
el / la chico / -a	*Junge / Mädchen*
flaco / -a	*dünn*
pequeño / -a	*klein*
calvo / -a	*kahlköpfig*
elegante	*elegant*
serio / -a	*ernst(haft), streng*
simpático / -a	*sympathisch*
nervioso / -a	*nervös*
divertido / -a	*lustig*
llevar	*tragen*
la barba	*Bart*
el bigote	*Schnurrbart*
el pelo	*Haar*
el cabello	*(Kopf)Haar*
el pelo de animal	*Fell*
los pelos de la barba	*Bartstoppeln*
nuevo / -a	*neu*
el / la jefe / -a	*Chef(in)*
el tipo	*Art*
el color	*Farbe*
rizado / -a	*lockig*
liso / -a	*glatt*
crespo / -a	*kraus*
seco / -a	*trocken*
graso / -a	*fettig*
corto / -a	*kurz*
largo / -a	*lang*
rubio / -a	*blond*
moreno / -a	*dunkel(braun)*
pelirrojo / -a	*rothaarig*
castaño / -a	*brünett*
canoso / -a	*grauhaarig*
caliente	*heiß*
frío / -a	*kalt*
feliz	*fröhlich*
triste	*traurig*
rápido / -a	*schnell*
lento / -a	*langsam*
limpio / -a	*sauber*
sucio / -a	*schmutzig*
lleno / -a	*voll*

vacío / -a	*leer*
el vaso	*Glas*
la tortuga	*Schildkröte*
la mano	*Hand*
el elefante	*Elefant*

LEKTION 6 TELEFONNUMMER UND UHRZEIT

el número	*Nummer*
el teléfono	*Telefon*
por favor	*bitte*
¡Diga!	*Hallo? (am Tel.)*
¡Dígame!	*Hallo? (am Tel.)*
la hora	*Stunde*
menos	*weniger*
las cuatro y media	*halb fünf*
las cuatro y cuarto	*viertel nach vier*
el mediodía	*Mittag*
la medianoche	*Mitternacht*
salir	*abfahren*
la salida	*Abfahrt*
el punto	*Punkt*
el vuelo	*Flug*
el tren	*Zug*
efectuar	*ausführen*
vestirse	*sich anziehen*
peinarse	*sich kämmen*
afeitarse	*sich rasieren*
lavarse	*sich waschen*
el diente	*Zahn*
la mano	*Hand*

LEKTION 7 SICH VERABREDEN

el cine	*Kino*
el lunes	*Montag*
el martes	*Dienstag*
el miércoles	*Mittwoch*
el jueves	*Donnerstag*
el viernes	*Freitag*
el sábado	*Samstag*
el domingo	*Sonntag*
quedar	*(ver)bleiben*
delante de	*vor*
el bar	*Kneipe*
perfecto	*perfekt*
mejor	*besser*
Lo siento...	*Es tut mir leid ...*
de acuerdo	*einverstanden*
tener ganas de...	*Lust haben ...*
¿Dónde?	*Wo?*
la plaza	*Platz*
a mediodía	*um zwölf Uhr mittags*
almorzar	*zu Mittag essen*
acostarse	*zu Bett gehen*
nunca	*nie*
la vez	*Mal*
todos / -as	*alle*
el fin de semana	*Wochenende*
fuera de casa	*auswärts*
el deporte	*Sport*
la televisión	*Fernsehen*
ver	*sehen*

LEKTION 8 WEGBESCHREIBUNG UND VERKEHR I

al lado de	*neben*
enfrente de	*gegenüber*
lejos de	*fern*
detrás de	*hinter*
delante de	*vor*
en medio de	*in der Mitte*
alrededor de	*ringsherum*
el museo	*Museum*
la farmacia	*Apotheke*
el centro	*Zentrum*
la información	*Information*
la iglesia	*Kirche*
la plaza	*Platz*
el cine	*Kino*
la fuente	*Brunnen*
la estación central	*Hauptbahnhof*
el supermercado	*Supermarkt*
el garaje	*Garage*
alguien	*(irgend)jemand*
la gasolinera	*Tankstelle*
la calle	*Straße*
Perdone	*Entschuldigen Sie*
el barrio	*Stadtviertel*
el bar	*Kneipe*
la guía turística	*Reiseführer*
la mesa	*Tisch*
la madera	*Holz*
pasar	*überqueren*
el cruce	*Kreuzung*
torcer	*abbiegen*
girar	*abbiegen*
izquierda	*links*
derecha	*rechts*
todo recto	*immer geradeaus*
el puente	*Brücke*
volver	*zurückkehren*
atrás	*zurück*
bajar	*aussteigen*
la parada	*Haltestelle*
luego	*dann*

LEKTION 9 WEGBESCHREIBUNG UND VERKEHR II

abrir	*öffnen*
escribir	*schreiben*
seguir	*folgen*
dormir	*schlafen*
pedir	*bitten*
morir	*sterben*
el banco	*Bank*
aquí	*hier*
la farmacia	*Apotheke*
enfermo / -a	*krank*
la oficina de Correos	*Postamt*
la moto(cicleta)	*Motorrad*
el tranvía	*Straßenbahn*
el avión	*Flugzeug*
el autobús	*(Omni)Bus*
la bicicleta	*Fahrrad*
el taxi	*Taxi*
el tren	*Zug*
el camión	*Lkw*
el metro	*U-Bahn*
ir a pie	*zu Fuß gehen*
la línea	*Linie*
desde...hasta	*von ... bis*
cambiar	*umsteigen*
bajar	*aussteigen*
dirección	*Richtung*

la avenida	*Boulevard, Allee*
el aeropuerto	*Flughafen*
después	*nach*
la estación	*Haltestelle*

LEKTION 10 IM RESTAURANT

preferir	*bevorzugen*
desear	*wünschen*
apetecer	*Lust haben*
traer	*bringen*
recomendar	*empfehlen*
la comida	*Essen*
la carta	*(Speise)Karte*
el camarero	*Kellner*
invitar	*einladen*
la cerveza	*Bier*
la ensalada (mixta)	*(gemischter) Salat*
el pollo	*Hähnchen*
las patatas fritas	*Pommes frites*
el solomillo de ternera	*Kalbsfilet*
el pescado	*Fisch*
la carne	*Fleisch*
el segundo (plato)	*Hauptgericht*
el entrante	*Vorspeise*
el primero (plato)	*Vorspeise*
el vino blanco	*Weißwein*
el vino tinto	*Rotwein*
la sopa	*Suppe*
el agua	*Wasser*
la botella	*Flasche*
tomar un helado	*ein Eis essen*
la salsa	*Soße*
picante	*scharf*
amargo / -a	*bitter*
riquísimo	*sehr lecker*
nada	*(überhaupt) nichts*
el pastel	*Kuchen*
salado / -a	*salzig*
la sal	*Salz*
dulce	*süß*
el azúcar	*Zucker*
soso / -a	*fade*
el jerez	*Sherry*

LEKTION 11 LEBENSMITTEL EINKAUFEN

el limón	*Zitrone*
la zanahoria	*Karotte*
la naranja	*Orange*
la manzana	*Apfel*
el plátano	*Banane*
el ajo	*Knoblauch*
la lechuga	*Kopfsalat*
el pimiento	*Paprika*
el tomate	*Tomate*
el arroz	*Reis*
el jamón	*Schinken*
el huevo	*Ei*
las patatas fritas	*Pommes frites, Kartoffelchips*
la sal	*Salz*
la leche	*Milch*
la cerveza	*Bier*
el vino	*Wein*
el jerez	*Sherry*
el cigarrillo	*Zigarette*
la botella	*Flasche*
el kilo	*Kilo*

el litro	*Liter*
medio / -a	*halb*
valer	*wert sein*
costar	*kosten*
desear	*wünschen*
el euro	*Euro*
el céntimo	*Cent*
la docena	*Duzend*
la lata	*Dose*
la botella	*Flasche*
el (tetra)brik	*Tetra Pak®*
la bolsa	*Tüte*
el paquete	*Packung*
el cartón	*Karton*
la cajetilla	*Schachtel*
la barra	*Stange*
la pescadería	*Fischgeschäft*
la verdulería	*Gemüseladen*
la carnicería	*Metzgerei*
la quesería	*Käserei*

LEKTION 12
EINE WOHNUNG MIETEN

la habitación	*Zimmer*
el piso	*Wohnung*
el piso propio	*Eigentumswohnung*
la casa para el fin de semana	*Wochenendhaus*
alquilar	*mieten*
el alquiler	*Miete*
el campo	*Land (als Gegensatz zur Stadt)*
la costa	*Küste*
la playa	*Strand*
la entrada	*Eingang*
el pasillo	*Flur*
el cuarto	*Zimmer*
la cocina	*Küche*
la sala de estar	*Wohnzimmer*
el balcón	*Balkon*
la terraza	*Terrasse*
el dormitorio	*Schlafzimmer*
el (cuarto de) baño	*Badezimmer*
la ducha	*Dusche*
la bañera	*Badewanne*
el lavabo	*Waschbecken*
el wáter	*Toilette*
el producto de aseo	*Körperpflege-produkt*
la repisa	*Ablage*
el espejo	*Spiegel*
la toalla	*Handtuch*
el secador de pelo	*Föhn*
la pared	*Wand*
el jardín	*Garten*
la vista	*Aussicht*
colgar	*hängen*
luminoso	*hell*
la mesa	*Tisch*
el armario	*Schrank*
la lámpara	*Lampe*
el sofá	*Sofa*
la silla	*Stuhl*
el sillón	*Sessel*
la cama	*Bett*
la calefacción	*Heizung*
pasar	*vorbeikommen*
al lado de	*neben*
encima (de)	*auf, über*
sobre	*auf, über*

LEKTION 13 ADRESSEN UND WOHNUNGSBESCHREIBUNGEN

primer(o / a)	*erste(r / s)*
segundo / -a	*zweite(r / s)*
tercer(o / a)	*dritte(r / s)*
cuarto / -a	*vierte(r / s)*
quinto / -a	*fünfte(r / s)*
sexto / -a	*sechste(r / s)*
séptimo / -a	*siebte(r / s)*
octavo / -a	*achte(r / s)*
noveno / -a	*neunte(r / s)*
décimo / -a	*zehnte(r / s)*
la calle	*Straße*
la avenida	*Straße, Allee*
la plaza	*Platz*
derecha	*rechts*
izquierda	*links*
el piso	*Stockwerk, Wohnung*
el apartamento	*Wohnung, Appartement*
la puerta	*Tür*
el número	*Nummer*
más	*mehr*
menos	*weniger*
tan	*so*
el jardín	*Garten*
el parque	*Park*
tranquilo / -a	*ruhig*
nuevo / -a	*neu*
luminoso / -a	*hell*
la playa	*Strand*
vender	*verkaufen*
la superficie	*Oberfläche*
el garaje	*Garage*
el ascensor	*Aufzug*
el dormitorio	*Schlafzimmer*
el (cuarto de) baño	*Badezimmer*
la ducha	*Dusche*
la terraza	*Terrasse*
amueblado	*möbliert*
sin amueblar	*unmöbliert*
renovado / -a	*renoviert*
la vista	*Aussicht*
el mar	*Meer*
la playa	*Strand*
la zona	*das Gebiet*
el precio a convenir	*Preis nach Vereinbarung*
el pie	*Fuß*

LEKTION 14 DATUM UND GEBURTSTAG

el / la mejor ...	*der / die beste ...*
el / la amigo / -a	*Freund(in)*
enero	*Januar*
febrero	*Februar*
marzo	*März*
abril	*April*
mayo	*Mai*
junio	*Juni*
julio	*Juli*
agosto	*August*
septiembre	*September*
octubre	*Oktober*
noviembre	*November*
diciembre	*Dezember*
la primavera	*Frühling*
el verano	*Sommer*
el otoño	*Herbst*
el invierno	*Winter*
feliz	*glücklich*

el cumpleaños	*Geburtstag*
pasado mañana	*übermorgen*
ayer	*gestern*
todavía	*noch*
pronto	*bald*
ya	*schon*
enseguida	*sofort*
los Reyes Magos	*die Heiligen Drei Könige*
celebrar	*feiern*
la fiesta	*Fest*
la felicitación	*Glückwunsch*
el regalo	*Geschenk*
el teléfono	*Telefon*
la tarta	*Torte*

LEKTION 15
SPORT UND FREIZEITAKTIVITÄTEN

el fin de semana	*Wochenende*
jugar	*spielen*
el tenis	*Tennis*
nadar	*schwimmen*
bucear	*tauchen*
bailar	*tanzen*
el deporte	*Sport*
practicar un deporte	*einen Sport treiben*
el cine	*Kino*
preparar	*zubereiten*
la cena	*Abendessen*
esquiar	*Ski laufen*
enfermo / -a	*krank*
francés / -esa	*französisch*
el horror	*Schrecken*
el miedo	*Angst*
la altura	*Höhe*
escalar	*klettern*
la afición	*Hobby, Neigung*
el senderismo	*Wandern*
la excursión	*Ausflug*
aprender	*lernen*
apetecer	*Lust haben*
salir	*ausgehen*
el libro	*Buch*
caro / -a	*teuer*
rápido / -a	*schnell*
bello / -a	*schön*

LEKTION 16
SHOPPEN UND KLEIDUNG

quedar bien / mal	*gut / schlecht stehen (Kleidung)*
prenda de vestir	*Kleidungsstück*
la camisa	*Hemd*
el zapato	*Schuh*
la bota	*Stiefel*
los vaqueros	*Jeans*
la falda	*Rock*
la blusa	*Bluse*
el vestido	*Kleid*
la chaqueta	*Jackett*
el abrigo	*Mantel*
el jersey	*Pullover*
el cinturón	*Gürtel*
el bolso	*Tasche*
el color	*Farbe*
azul	*blau*
blanco / -a	*weiß*
rojo / -a	*rot*
marrón	*braun*
verde	*grün*
amarillo / -a	*gelb*
negro / -a	*schwarz*
el cielo	*Himmel*

el limón	*Zitrone*
mal	*schlecht*
pequeño / -a	*klein*
ancho / -a	*weit*
estrecho / -a	*eng*
elegante	*elegant*
normalmente	*normalerweise*
demasiado	*(all)zu*
enseguida	*sofort*
traer	*bringen*
necesitar	*brauchen*
preferir	*bevorzugen*
probar	*anprobieren*
el corte	*Schnitt*
la talla	*Größe*
el probador	*Umkleidekabine*
la tarjeta	*Karte*
pagar	*bezahlen*
en efectivo	*bar*

LEKTION 17 FLOHMARKT

regalar	*schenken*
el regalo	*Geschenk*
encantar	*erfreuen*
la madre	*Mutter*
la tía	*Tante*
todavía no	*noch nicht*
la música	*Musik*
el / la turista	*Tourist(in)*
el descuento	*Preisnachlass*
el mercadillo	*Flohmarkt*
la ropa usada	*Secondhand-Kleidung*
la herramienta	*Werkzeug*
la bisutería	*Modeschmuck*
el mueble	*Möbel*
la bicicleta	*Fahrrad*
el libro	*Buch*
el CD	*CD*
el disco	*(Schall)Platte*
la antigüedad	*Antiquität*
el piragüismo	*Kanusport*
el lingüista	*Sprachwissenschaftler*
el paragüero	*Schirmständer*
la cigüeña	*Storch*
la flor	*Blume*

LEKTION 18 BEIM ARZT

enfermo / -a	*krank*
encontrarse	*sich befinden*
mal	*schlecht*
el dolor	*Schmerz*
doler	*schmerzen*
vomitar	*erbrechen*
la fiebre	*Fieber*
el estornudo	*Niesen*
la tos	*Husten*
mareado / -a	*übel, schwindlig*
el / la médico / -a	*Arzt, Ärztin*
la diarrea	*Durchfall*
quitar(se)	*(sich) ausziehen*
la camisa	*Hemd*
el pantalón	*Hose*
acostarse	*sich hinlegen*
guardar	*hüten*
relajarse	*sich entspannen*
la cama	*Bett*
el reposo	*Ruhe*
la grasa	*Fett*
el vino	*Wein*
el líquido	*Flüssigkeit*

la verdura	*Gemüse*
el analgésico	*Schmerzmittel*
la cabeza	*Kopf*
la nariz	*Nase*
la oreja	*Ohr*
el ojo	*Auge*
la boca	*Mund*
la muela	*Backenzahn*
la garganta	*Hals*
el estómago	*Bauch*
el brazo	*Arm*
la mano	*Hand*
el dedo (de la mano)	*Finger*
el dedo del pie	*Zeh*
el pie	*Fuß*
la pierna	*Bein*
entrar	*eintreten*
escribir	*schreiben*
probar	*(an)probieren*
solo	*nur*
el catarro	*Erkältung*

LEKTION 19 WETTERBERICHT

el tiempo (atmosférico)	*Wetter*
la previsión (del tiempo)	*Wettervorhersage*
buen(o / a)	*gut*
mal(o / a)	*schlecht*
nublado	*bewölkt*
la temperatura	*Temperatur*
el frío	*Kälte*
el calor	*Wärme, Hitze*
llover	*regnen*
nevar	*schneien*
la nieve	*Schnee*
el viento	*Wind*
la niebla	*Nebel*
soleado / -a	*sonnig*
rápido / -a	*schnell*
subir	*steigen*
derretir	*schmelzen*
la capa	*Kappe*
el hielo polar	*Polareis*
conducir	*fahren*
serio / -a	*ernst, streng*
el profesor	*Lehrer*
soplar	*blasen*
suave	*sanft*
el tren	*Zug*
lento / -a	*langsam*
leer	*lesen*
regular	*regelmäßig*
mucho / -a	*viel*
el chico	*Junge*
amable	*nett*
tarde	*spät*
divertirse	*sich amüsieren*
la fiesta	*Fest*
la gente	*Leute*
bailar	*tanzen*
alegre	*fröhlich*
la montaña	*Berg, Gebirge*
los padres	*Eltern*
la playa	*Strand*
el / la colega	*Kollege / -in*

LEKTION 20
IM HOTEL

el hotel	*Hotel*
la habitación	*Zimmer*
la habitación individual	*Einzelzimmer*
la habitación doble	*Doppelzimmer*
el baño	*Badezimmer*
la recepción	*Rezeption*
el desayuno	*Frühstück*
la pensión completa	*Vollpension*
la reserva(ción)	*Reservierung*
reservar	*reservieren*
libre	*frei*
el traslado	*Transfer*
incluido / -a	*inbegriffen*
el precio	*Preis*
la estancia	*Aufenthalt*
la temporada (alta / baja)	*(Hoch- / Neben-) Saison*
el patio	*Hof*
la calle	*Straße*
vender	*verkaufen*
subir	*steigen*
el pan	*Brot*
ir de viaje	*auf Reisen gehen*
el restaurante	*Restaurant*
recibir	*empfangen*
la carta	*Brief*
la mañana	*Morgen*
coger	*fassen, aufheben*
leer	*lesen*
ver	*sehen*
invitar	*einladen*
ir de compras	*einkaufen gehen*
el / la amigo / -a	*Freund(in)*
el / la primo / -a	*Cousin / Cousine*
la película	*Film*
ya	*schon*
todavía no	*noch nicht*
últimamente	*kürzlich*
último / -a	*letzte(r / s)*
muchas veces	*häufig*
alguna vez	*manchmal*
nunca	*nie(mals)*

LEKTION 21
SICH FRISCH MACHEN

lavar(se)	*(sich) waschen*
maquillar(se)	*(sich) schminken*
bañar(se)	*baden*
duchar(se)	*duschen*
peinar	*kämmen*
afeitarse	*sich rasieren*
el pelo	*Haar*
ponerse	*hier: sich anziehen*
vestir	*anziehen*
el vestido	*Kleid*
arreglarse	*sich zurechtmachen*
dormir	*schlafen*
morir	*sterben*
caer	*fallen*
leer	*lesen*
preparar	*vorbereiten*
escribir	*schreiben*
recibir	*empfangen*
llover	*regnen*
la mano	*Hand*
el / la hijo / -a	*Sohn / Tochter*
nuevo / -a	*neu*
el / la novio / -a	*Partner(in) in einer Liebesbeziehung*
la impaciencia	*Ungeduld*

irse *weggehen*
pasar *hier: verbringen*
pasarlo muy bien *eine gute Zeit verbringen*
el domingo *Sonntag*
la tarde *Nachmittag*
la cantina *Kantine*
ahorrar *sparen*
buscar *suchen*
el tiempo *Zeit*
el dinero *Geld*
seguir *fortfahren*
esperar *warten*
sonar *klingeln*
rápido / -a *schnell*

LEKTION 22 UMWELT UND NATUR

la naturaleza *Natur*
el medio ambiente *Umwelt*
el parque nacional *Nationalpark*
la botella retornable *Pfandflasche*
la protección *Schutz*
la especie *Art*
el animal *Tier*
protegido / -a *geschützt*
el reciclaje *Recycling*
reciclar *wiederverwerten*
la eliminación *Entsorgung*
la basura *Müll*
vegetal *Pflanzen-, pflanzlich*
ecológico / -a *Bio-, ökologisch*
la separación *Trennung*
recordar *sich erinnern*
esforzarse *sich anstrengen*
lograr *erreichen*
el país *Land*
la deforestación *Entwaldung*
sufrir *(er)leiden*
preocuparse *sich Sorgen machen*
repetir *wiederholen*
importante *wichtig*
noviembre *November*
el barco *Schiff*
el accidente *Unfall*
llegar *ankommen*
el artículo *Artikel*
el / la activista *Aktivist(in)*
repartir *verteilen*
el volante *Flugblatt*
provocar *provozieren*
el cambio *Wandel*
pasado / -a *vergangen*
la tarde *Nachmittag*
el trabajo *Arbeit*
la verdura *Gemüse*
la ensalada *Salat*
el mercado *Markt*
a pie *zu Fuß*
volver *zurückkehren*
preparar *vorbereiten*
usar *ver- / gebrauchen*
la energía *Energie*
después *danach*
la cena *Abendessen*
la cama *Bett*
temprano *früh*

LEKTION 23
LANDSCHAFT

el paisaje	*Landschaft*
el / la mar	*Meer*
el puerto	*Hafen*
el valle	*Tal*
la montaña	*Berg, Gebirge*
el río	*Fluss*
el bosque	*Wald*
la isla	*Insel*
el lago	*See*
el riachuelo	*Bach*
la fuente	*Quelle*
la desemboca-dura	*Mündung*
ancho / -a	*breit*
profundo / -a	*tief*
oscuro / -a	*dunkel*
alto / -a	*hoch*
embravecido / -a	*stürmisch*
desierto / -a	*einsam*
el experimento	*Experiment*
pasado / -a	*vergangen*
el restaurante	*Restaurant*
la fiesta	*Fest*
el cumpleaños	*Geburtstag*
seriamente	*ernsthaft*
el / la compa-ñero / -a	*Gefährte / -in*
el / la primo / -a	*Cousin / Cousine*
visitar	*besuchen*
la luna	*Mond*
las vacaciones	*Urlaub*

LEKTION 24
DAMALS UND HEUTE

joven	*jung*
bailar	*tanzen*
jugar	*spielen*
la calle	*Straße*
cantar	*singen*
ver	*sehen*
la vida	*Leben*
distinto / -a	*anders*
sentarse	*sich setzen*
alrededor de	*ringsherum*
la radio	*Radio*
reunirse	*sich versammeln*
reunido / -a	*vereinigt*
junto / -a	*zusammen*
arreglarse	*sich zurechtmachen*
la tarde	*Nachmittag*
la familia	*Familie*
salir	*ausgehen*
solo / -a	*allein*
acordarse	*sich erinnern*
antes	*früher*
el ordenador	*Computer*
pasar	*hier: verbringen*
el tiempo	*Zeit*
el cine	*Kino*
la televisión	*Fernsehen*
soler	*pflegen, gewöhnlich tun*
la excursión	*Ausflug*
el niño	*Kind*
el libro	*Buch*
el (reproductor de) mp3	*MP3-Spieler*
la impresora	*Drucker*
el (ordenador) portátil	*Notebook*

la cámara digital	*Digitalkamera*
la cadena de música	*Stereoanlage*
el (teléfono) móvil	*Mobiltelefon*
escuchar	*(zu)hören*
la mano	*Hand*

LEKTION 25 SPANISCHE GESCHICHTE

el siglo	*Jahrhundert*
la historia	*Geschichte*
sencillo / -a	*einfach*
el país	*Land*
pasar	*durchmachen*
la etapa	*Etappe*
la guerra	*Krieg*
la paz	*Frieden*
la decadencia	*Dekadenz*
publicar	*veröffentlichen*
el rey, la reina	*König, Königin*
controlar	*kontrollieren*
la mayor parte	*der größte Teil*
antes	*früher*
la Iglesia	*Kirche (Institution)*
el poder	*Macht*
el campo	*Land (nicht Stadt)*
el Caribe	*Karibik*
la habitación doble	*Doppelzimmer*
reservar	*reservieren*
febrero	*Februar*
nacer	*geboren werden*
la televisión	*Fernsehen*
ver	*sehen*
la mañana	*Morgen*
el colegio	*Schule*
estudiar	*lernen*
la cosa	*Sache*
sonar	*klingeln*
la vez	*Mal*
escalar	*klettern*
los padres	*Eltern*
regalar	*schenken*
la bicicleta	*Fahrrad*
la temperatura	*Temperatur*
agradable	*angenehm*
decidir	*entscheiden*
sentarse	*sich setzen*
la terraza	*(Bar)Terrasse*
la comunidad	*Gemeinschaft*
autónomo / -a	*autonom*
monarquía parlamentaria	*parlamentarische Monarchie*
el / la Jefe / -a de Estado	*Staatsoberhaupt*

Bildnachweis

Titelfoto: Getty Images, München: (swissmedia-vision); (beyhanyazar); (stocknshares); **Shutterstock, New York:** (Pixel-Shot);
Fotolia, New York: 11 (Syda Productions); **16.2** (Zarya Maxim); **19.1** (hitdelight); **19.2, 19.3** (WavebreakmediaMicro); **28** (closeupimages); **41** (Ingo Bartussek); **46.1** (Alaska-Tom); **46.6** (jovanmandic); **46.7** (wesleyguijt); **46.9** (Kadmy); **51** (Andrew Bayda); **54.1, 54.2, 54.3, 54.4, 54.5, 54.6, 54.7, 54.8** (valery121283); **57.1** (uwimages); **57.3** (Christian Jung); **57.4** (Sergio Martinez); **60.1, 60.6** (slavun); **60.2** (Robert Kneschke); **60.4** (lightpixel); **83.1** (cedrov); **83.2** (BEAUTYofLIFE); **83.3** (Khvost); **83.4, 83.6** (Alexandra Karamyshev); **83.5, 83.7** (photology1971); **83.8** (Andre Plath); **83.9** (Andrey Bandurenko); **87.1** (Visions-AD); **94.6** (foto.fritz); **94.8** (ivan kmit); **97.1, 97.2** (Anna); **98.1, 98.2** (Violetstar); **98.3** (Stefano Viola); **121.1** (Andrew Barker); **121.2** (Roman Samokhin); **121.3** (Serghei Velusceac); **121.4** (pizuttipics); **121.5** (pbombaert); **121.6** (mstanley13);
iStockphoto, Calgary, Alberta: 13.2 (Jennifer Trenchard); **23.2** (pixelfit); **24.1** (NadiaCruzova); **24.2** (Ridofranz); **29.1** (shazie28); **29.2** (zimmytws); **29.3** (izold); **29.6** (gvictoria); **33.3** (quics); **34.2** (YENTE); **74.6** (Peopleimages); **91** (MomTo3Girls-3Boys); **98.4** (Dr. Heinz Linke); **98.5** (Elena Elisseeva); **PONS GmbH, Stuttgart: 33.2, 34.3, 34.4, 34.5, 34.6, 34.7, 34.8; (PONS GmbH);**
Shutterstock, New York: 6 (YAKOBCHUK VIACHESLAV); **7** (3D Vector); **13.1** (Paul Matthew Photography); **16.1** (BlueSkyImage); **17.1** (Dina Uretski); **17.2** (Matthew Dixon); **19.4** (redhen); **19.5** (mangostock); **19.6** (worradirek); **19.7** (Kiselev Andrey Valerevich); **20.1** (Durch); **20.2** (MicroOne); **21.1** (Mark Nazh); **21.2** (Sofia Zhuravetc); **21.3** (Aaron Amat); **21.4** (Minerva Studio); **21.5** (T-Design); **21.6** (Ljupco Smokovski); **21.7** (PhotoMediaGroup); **30.1** (BaLL LunLa); **30.2** (Jojje); **31.1** (art designer); **31.2** (MSSA); **31.3** (Scanrail1); **31.4** (Nerthuz); **35.1** (Yuganov Konstantin); **35.2** (Jacob Lund); **35.3** (wavebreakmedia); **46.2** (Senohrabek); **46.3** (Mikhail Zahranichny); **46.4** (Iakov Filimonov); **46.5** (Vibrant Image Studio); **46.8** (Isa Fernandez Fernandez); **48.2, 87.3** (nito); **48.3** (somchaij); **48.4** (Alex Kosev); **49.1** (John_Silver); **49.2** (Tim UR); **49.3** (omtatsat graphic); **49.4** (vitals); **49.5** (Vasily Menshov); **56.1** (JIANG HONGYAN); **56.2** (3DSguru); **56.3** (Jiri Hera); **56.4** (andersphoto); **57.2** (Sergio Stakhnyk); **58.1** (Millena); **58.2** (donatas1205); **59.1** (CBCK); **59.2** (LoveDesignShop); **59.3** (hans.slegers); **59.4** (Pix11); **60.3** (Det-anan); **60.5** (Jess Kraft); **72.1, 73.5, 117.3** (Africa Studio); **72.2** (marilyn barbone); **72.3** (fotohunter); **72.4** (Photo Melon); **72.5** (Kovalchuk Oleksandr); **73.1** (Sandra van der Steen); **73.2** (Aila Images); **73.3** (Kues); **73.4** (Jeka); **73.6** (Alex Kalmbach); **78.1** (Vlad Teodor); **78.2** (5); **78.3** (Elnur); **79.1** (Syda Productions); **79.2** (stockphoto-graf); **79.3** (View Apart); **87.2** (RG-vc); **87.4** (Elena Dijour); **87.5** (Cristi Lucaci); **92.1** (gst); **92.2** (MR Gao); **93.1** (Timmary); **93.2** (Sashkin); **93.3** (montego); **93.4** (CandyBox Images); **94.1** (djgis); **94.2** (ChameleonsEye); **94.3** (Mimadeo); **94.4** (mkrol0718); **94.5** (elen_studio); **94.7** (ZoranKrstic); **104** (Ariwasabi); **106.1** (anselmus); **106.2** (kpboonjit); **106.3** (oksana2010); **107.1** (S-F); **107.2** (Vorm in Beeld); **107.3** (Kamenetskiy Konstantin); **116.1** (Photographee.eu); **116.2** (Leigh Prather); **117.1** (Production Perig); **117.2** (Ivan Ponomarev); **117.4** (Vasilyev Alexandr); **125** (Alfonso de Tomas);
Thinkstock, München: 19.8 (AndreyPopov); **23.1** (Maria Teijeiro); **23.3** (ruslanshramko); **23.4** (SanneBerg); **24.3, 24.4, 24.6** (NADOFOTOS); **24.5, 24.10** (Ridofranz); **24.7** (Purestock); **24.8, 24.11** (ajr_images); **24.9** (JackF); **29.4** (PavelRodimov); **29.5** (abadonian); **33.1** (danieldiaconu); **34.1** (Dushlik); **35.4** (AlexRaths); **43.1, 43.3, 43.4, 43.5, 43.2, 43.6** (Aluna1); **74.1** (Wavebreakmedia Ltd); **74.2** (Halfpoint); **74.3** (Jacob Ammentorp Lund); **74.4** (petrzurek); **74.5** (apflite); **87.6** (Bet_Noire); **89** (Ingram Publishing); **97.3** (3d-Guru); **112** (aphotostory)

PONS

SPANISCH

Sprachführer

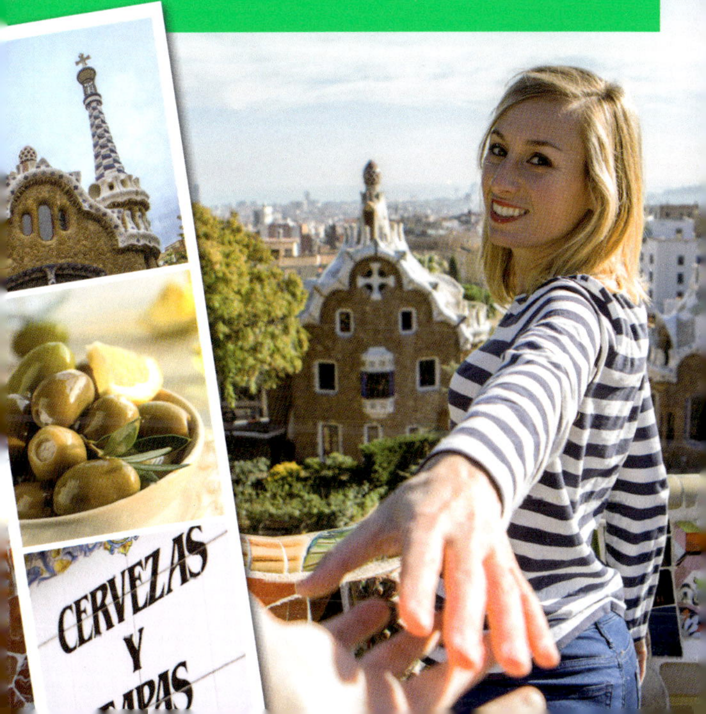

All Inclusive

Spanisch

Sprachführer

All Inclusive
SPANISCH
Sprachführer

Basiert auf ISBN: 978-3-12-562183-1

1. Auflage 2024

www.pons.de

Logoentwurf: Erwin Poell, Heidelberg
Logoüberarbeitung: Sabine Redlin, Ludwigsburg
Titelfoto: Getty Images, München: swissmediavision; beyhanyazar; stocknshares; Shutterstock, New York: Pixel-Shot
Layout/Satz: Satzkasten, Stuttgart
Fotos: S. 7: iStockfoto, Calgary, Alberta: 7 (Roberto A Sanchez); 21 (Kevin George); 27 (Alexander Hafemann)

ISBN: 978-3-12-562332-3

AUSSPRACHE

Die Punkte in der Transkription trennen das Wort in die einzelnen Silben und dienen als Hilfe für die richtige Aussprache. Betonte Silben sind *kursiv* markiert.

Die nicht erwähnten Konsonanten sind den deutschen in ihrer Aussprache sehr ähnlich.

a	kurzes a, wie in Stadt	café	ka·*fe*
b	wie in aber, lieber.	cabina, móvil	ka·*bi*·na, *mo*·bil
e	kurzes e wie in Methan, sezieren	café	ka·*fe*
g	wie in Gisela	guía	*gi*·a
gn	wie gn bei Champagne	baño	*ba*·gno
h	wie in Haus	rojo, girar, gente	*ro*·ho, hi·*rar*, *hen*·te
i	wie in Liste	aquí, hay, y	a·*ki*, ai, i
k	wie in Kabine, Kilo	calendario, kilo, que	ka·len·*da*·rio *ki*·lo, ke
lj	etwa wie in Familie	llover	ljo·*ber*
o	kurzes offenes o, etwa wie in offen, Kopf	dónde	*don*·de
r	stark gerolltes Zungenspitzen-r am Wortanfang; wie in Rind	retirar	re·ti·*rar*
r	schwach gerolltes Zungenspitzen-r am Wortende; wie in kurieren	ayudar	a·iu·*dar*
r	schwach gerolltes Zungenspitzen-r zwischen Vokalen; wie in kurieren	cajero	ka·*he*·ro
rr	stark gerolltes Zungenspitzen-r zwischen Vokalen; wie in Rind	arrancar	a·rran·*kar*
tsch	t mit nachfolgendem sch-Laut	coche	*ko*·tsche
u	kurzes u wie in Ruck	menú	me·*nu*
Z	stimmloser Lispellaut: z gesprochen mit der Zungenspitze zwischen den Zähnen	ciudad, quince, buzón	Ziu·*da*, *kin*·Ze, bu·*Zon*

Männliche und weibliche Formen sind im Sprachführer mit *(m/f)* gekennzeichnet.

MITEINANDER REDEN

Die wichtigsten Wörter

Guten Tag!	¡Buenos días!	*bue*·nos *di*·as
Guten Abend!	¡Buenas tardes!	*bue*·nas *tar*·des
Hallo!	¡Hola!	*o*·la
Auf Wiedersehen!	¡Adiós!	a·*dios*
Tschüss!	¡Adiós!	a·*dios*

Ja.	Sí.	si
Nein.	No.	no
Bitte.	Por favor.	por fa·*bor*
Danke.	Gracias.	*gra*·Zias
Keine Ursache!	¡De nada!	de *na*·da
Entschuldigung.	Perdón.	per·*don*
Entschuldigen Sie, ...	Perdone...	per·*do*·ne

Wie bitte?	¿Cómo?	*ko*·mo
Ich verstehe (nicht).	(No lo) entiendo.	(no lo) en·*tien*·do
Sprechen Sie ... Deutsch? Englisch?	¿Habla... alemán? inglés?	*a*·bla a·le·*man*? in·*gles*?
Könnten Sie ... das bitte wiederholen? bitte langsamer sprechen? das bitte aufschreiben?	¿Podría repetir eso? hablar más despacio? escribirlo?	¿po·*dri*·a re·pe·*tir* *e*·so a·*blar* más des·*pa*·Zio? es·kri·*bir*·lo?
Was bedeutet ...?	¿Qué significa...?	ke sik·ni·*fi*·ka

gut	bien	bien
schlecht	mal	mal
richtig	correcto	ko·*rrek*·to
falsch	falso	*fal*·so
okay	bien	bien
hier	aquí	a·*kí*
dort	allí	a·*lji*
mit	con	kon
ohne	sin	sin

und	y	i
oder	o	o

Sich kennenlernen

Wie geht's?	¿Qué tal?	ke tal
Danke, gut. Und Ihnen/dir?	Bien, gracias. ¿Y usted/tú?	bien *gra*·Zias i us·*te*/tu
Wie heißen Sie/heißt du?	¿Cómo se llama/te llamas?	*ko*·mo se *lja*·ma/te *lja*·mas
Ich heiße ...	Me llamo...	me *lja*·mo...
Angenehm.	Encantado.	en·kan·*ta*·do
Herr ...	El señor...	el se·*gnor*
Frau ...	La señora...	la se·*gno*·ra
Das ist ... mein Mann. meine Frau. mein Partner. meine Partnerin. mein Freund. meine Freundin. mein Sohn. meine Tochter. mein Kollege. meine Kollegin.	Este/a *(m/f)* es... mi hombre. mi mujer. mi compañero. mi compañera. mi amigo. mi amiga. mi hijo. mi hija. mi compañero de trabajo. mi compañera de trabajo.	*es*·te/*es*·ta es mi *om*·bre mi mu·*her* mi kom·pa·*gne*·ro mi kom·pa·*gne*·ra mi a·*mi*·go mi a·*mi*·ga mi *i*·ho mi *i*·ha mi kom·pa·*gne*·ro de tra·*ba*·ho mi kom·pa·*gne*·ra de tra·*ba*·ho
Woher kommen Sie/kommst du?	¿De dónde viene usted/vienes tú?	de *don*·de bie·ne us·*te*/bie·nes tu
Ich komme aus ... Deutschland. Österreich. der Schweiz.	Vengo de... Alemania. Austria. Suiza	*ben*·go de a·le·*ma*·nia *aus*·tria *sui*·Za
Ich bin hier ... im Urlaub. auf Geschäftsreise. mit meiner Familie.	Estoy aquí... de vacaciones. por negocios. con mi familia.	es·*toi* a·*ki* de ba·ka·*Zio*·nes por ne·*go*·Zios kon mi fa·*mi*·lia
Ich bin hier ... für einen Tag. für eine Woche. für einen Monat.	Estaré aquí... un día. una semana. un mes.	es·ta·*ré* a·*ki* un *di*·a una se·*ma*·na un mes

Miteinander Reden

Hier ist meine ...	Aquí tiene(s)...	a·*ki* *tie*·ne(s)
Wie ist Ihre / deine ...	¿Cuál es su / tú...	kual es su / tu
Adresse?	dirección?	di·re·*Zion*
E-Mail-Adresse?	dirección de correo electrónico?	di·re·*Zion* de ko·*rreo* e·lek·*tro*·ni·ko
Telefonnummer?	número de teléfono?	*nu*·me·ro de te·*le*·fo·no
Handynummer?	número de móvil?	*nu*·me·ro de *mo*·bil
Faxnummer?	número de fax?	*nu*·me·ro de faks

REISEN

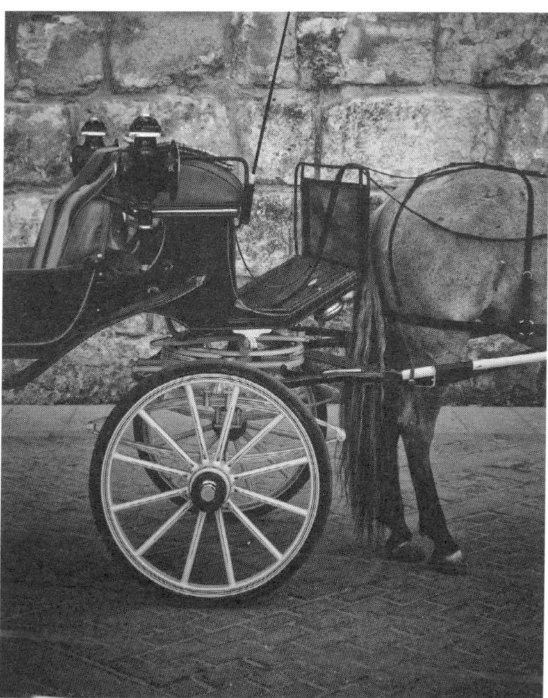

Zoll und Passkontrolle

Ich habe nichts zu verzollen.	No tengo nada que declarar.	no *ten*·go *na*·da ke de·kla·*rar*
Muss ich das verzollen?	¿Tengo que declarar esto?	ten·go ke de·kla·*rar* es·to
Das ist (nicht) meines.	Esto (no) es mío.	es·to (no) es *mi*·o

Ich habe (k)ein Visum.	(No) tengo visado.	(no) *ten*·go bi·*sa*·do
Kann ich hier ein Visum bekommen?	¿Pueden darme aquí un visado?	*pue*·den dar·me a·*ki* un bi·*sa*·do

Staatsangehörigkeit	la nacionalidad	la na·Zio·na·li·*da*
Wohnort	el lugar de residencia	el lu·*gar* de re·si·*den*·Zia
EU-Bürger	el ciudadano comunitario	el Ziu·da·*da*·no ko·mu·ni·*ta*·rio
EU-Bürgerin	la ciudadana comunitaria	la Ziu·da·*da*·na ko·mu·ni·*ta*·ria
Grenze	la frontera	la fron·*te*·ra
gültig	válido	*ba*·li·do
Personalausweis	el carnet de identidad	el kar·*ne* de i·den·ti·*da*
Reisepass	el pasaporte	el pa·sa·*por*·te
ungültig	no válido	no *ba*·li·do
Zoll	la aduana	la a·*dua*·na
Zollgebühren	las tasas de aduana	las *ta*·sas de a·*dua*·na

Flughafen

Wo ist ... der Schalter der Fluggesellschaft ...? Flugsteig / Gate ...? Halle / Terminal ...? der Check-in-Automat?	¿Dónde está... el mostrador de la compañía...? la puerta de embarque / puerta...? la terminal...? la máquina para hacer la facturación automática?	*don*·de es·*ta* el mos·tra·*dor* de la kom·pa·*gni*·a la *puer*·ta de em·*bar*·ke / *puer*·ta...? la ter·mi·*nal*...? la *ma*·ki·na pa·ra a·*Zer* la fak·tu·ra·*Zion* au·to·*ma*·ti·ka
Ich möchte meinen Flug ... stornieren. umbuchen.	Quisiera... anular un vuelo. cambiar un vuelo.	ki·*sie*·ra a·nu·*lar* un *bue*·lo kam·*biar* un *bue*·lo
Hier ist ... mein Flugschein / Ticket. meine Bestätigungsnummer.	Aquí tiene... mi billete de avión. ni número de confirmación.	a·*ki* *tie*·ne mi bi·*lje*·te de a·*bion* ni *nu*·me·ro de kon·fir·ma·*Zion*
Wann fliegt die nächste Maschine nach ...?	¿Cuándo sale el próximo avión hacia...?	*kuan*·do sa·le el *prok*·si·mo a·*bion* a·Zia
Sind noch Plätze frei?	¿Quedan plazas aún?	*ke*·dan *pla*·Zas a·*un*
Wann muss ich einchecken?	¿Cuándo tengo que facturar?	*kuan*·do *ten*·go ke fak·tu·*rar*

Kann ich … das einchecken? das als Handgepäck mitnehmen?	¿Puedo… facturar esto? llevar esto de equipaje de mano?	*pue*·do fak·tu·*rar* *es*·to *lje*·bar *es*·to de e·ki·*pa*·he de *ma*·no
Wann … fliegt das Flugzeug ab? ist die Einsteigezeit? kommt der Flug an?	¿Cuándo… sale el avión? es la hora de embarque? aterrizará el avión?	*kuan*·do *sa*·le el a·*bion* es la *o*·ra de em·*bar*·ke a·te·rri·Za·*rá* el a·*bion*
Wo ist die Gepäckausgabe?	¿Dónde se recogen las maletas?	*don*·de se re·*ko*·hen las ma·*le*·tas
Wo sind … die Toiletten? die Gepäckwagen?	¿Dónde están… los servicios? los carros portaequipajes?	*don*·de es·*tan* los ser·*bi*·Zios los *ca*·rros por·tae·ki·*pa*·hes
Mein Gepäck ist … beschädigt worden. verloren gegangen.	Mis maletas… han sufrido desperfectos. se han perdido.	mis ma·*le*·tas an su·*fri*·do des·per·*fek*·tos se an per·*di*·do
An wen kann ich mich wenden?	¿A quién puedo dirigirme?	a kien *pue*·do di·ri·*hir*·me
Wie komme ich … zur Bushaltestelle? zur U-Bahn-Station? zum Bahnhof? zum Taxistand?	¿Cómo puedo llegar… a la parada de autobuses? a la estación de metro? a la estación de trenes? a la parada de taxis?	*ko*·mo *pue*·do lje·*gar* a la pa·*ra*·da de au·to·*bu*·ses a la es·ta·*Zion* de *me*·tro a la es·ta·*Zion* de *tre*·nes a la pa·*ra*·da de *tak*·sis

Abflug	salidas	sa·*li*·das
Ankunft	llegadas	lje·*ga*·das
Bordkarte	la tarjeta de embarque	la tar·*he*·ta de em·*bar*·ke
einchecken	facturar	fak·tu·*rar*
Flughafen	el aeropuerto	el ae·ro·*puer*·to
Flugsteig / Gate	la puerta	la *puer*·ta
Flugzeug	el avión	el a·*bion*
Handgepäck	el equipaje de mano	el e·ki·*pa*·he de *ma*·no
Koffer	la maleta	la ma·*le*·ta
Schalter	el mostrador	el mos·tra·*dor*
Sicherheitskontrolle	el control de seguridad	el kon·*trol* de se·gu·*ri*·*da*
Terminal / Halle	la terminal	la ter·mi·*nal*
Ticket / Flugschein	el billete de avión	el bi·*lje*·te de a·*bion*
Übergepäck	el exceso de equipaje	el eks·*Ze*·so de e·ki·*pa*·he
Verspätung	el retraso	re·*tra*·so

Öffentliche Verkehrsmittel

Bahn

Eine einfache Fahrt nach ..., bitte.	Un billete sencillo para..., por favor.	un bi·*lje*·te sen·*Zi*·ljo *pa*·ra... por fa·*bor*
Einmal ... hin und zurück, bitte.	Un billete de ida y vuelta a..., por favor.	un bi·*lje*·te de *i*·da i *buel*·ta a... por fa·*bor*
Mit Platzreservierung, bitte.	Con reserva de asiento, por favor.	kon re·*ser*·ba de a·*sien*·to por fa·*bor*
Gibt es eine Ermäßigung für ... Kinder? Studenten? Senioren?	¿Hay descuento para... niños? estudiantes? personas mayores?	ai des·*kuen*·to *pa*·ra *ni*·gnos es·tu·*dian*·tes per·*so*·nas· ma·*io*·res
Gibt es einen Spartarif?	¿Hay alguna tarifa económica?	ai al·*gu*·na ta·*ri*·fa e·ko·*no*·mi·ka
Wann fährt der (nächste) Zug ab?	¿Cuándo sale el (próximo) tren?	*kuan*·do *sa*·le el (*prok*·si·mo) tren
(Wo) muss ich umsteigen?	¿(Dónde) tengo que hacer transbordo?	(*don*·de) *ten*·go ke a·*Zer* trans·*bor*·do
Von welchem Gleis fährt der Zug nach ...?	¿Desde qué vía sale el tren para...?	des·de *ke bi*·a *sa*·le el tren *pa*·ra
Ist dieser Platz noch frei?	¿Está libre este asiento?	es·*ta li*·bre *es*·te a·*sien*·to
Das ist mein Platz.	Este asiento es mío.	*es*·te a·*sien*·to es *mi*·o
Hält dieser Zug in ...?	¿Para este tren en...?	*pa*·ra *es*·te tren en

Ausdruck	el ejemplar impreso	el e·hem·*plar* im·*pre*·so
Bahnhof	la estación	la es·ta·*Zion*
Fahrkarte	el billete de tren	el bi·*lje*·te de tren
Fahrplan	el horario de trenes	el o·*ra*·rio de *tre*·nes
Internetbuchung	la reserva por Internet	la re·*ser*·ba por in·ter·*net*
Schließfächer	las taquillas	las ta·*ki*·ljas
Wagen	el vagón	el ba·*gon*
Zuschlag	el suplemento	el su·ple·*men*·to

Schiff

Wann fährt das nächste Schiff nach ..., bitte?	¿Cuándo sale el próximo barco para..., por favor?	*kuan*-do *sa*-le el *prok*-si-mo *bar*-ko pa-ra... por fa-*bor*
Wie lange dauert die Überfahrt?	¿Cuánto dura el viaje?	*kuan*-to du-ra el *bia*-he
Wann legen wir in ... an?	¿A qué hora llega el barco a puerto?	a *ke* o-ra *lje*-ga el *bar*-ko a *puer*-to
Zwei Karten nach ..., bitte.	Dos billetes para..., por favor.	dos bi-*lje*-tes pa-ra por fa-*bor*
Autofähre	el transbordador de coches	el trans-bor-da-*dor* de *ko*-tsches
Hafen	el puerto	el *puer*-to

Bus

Welche Linie fährt ... nach ...? zur Stadtmitte? zum Bahnhof?	¿Qué línea va... a...? al centro de la ciudad? a la estación?	ke *li*-nea ba a al *Zen*-tro de la Ziu-*da* a la es-ta-*Zion*
Wann fährt der nächste Bus nach ...?	¿Cuándo sale el próximo autobús para...?	*kuan*-do *sa*-le el *prok*-si-mo au-to-*bus* pa-ra
Wo bekomme ich eine Fahrkarte?	¿Dónde venden billetes?	*don*-de *ben*-den bi-*lje*-tes
Wo muss ich aussteigen?	¿Dónde debo bajar?	*don*-de *de*-bo ba-*har*
Wie viele Haltestellen sind es?	¿Cuántas paradas son?	*kuan*-tas pa-*ra*-das son
Fährt dieser Bus nach ...?	¿Va a... este autobús?	ba a *es*-te au-to-*bus*
Gibt es ... Tageskarten? Wochenkarten? Touristentickets?	¿Hay... abonos de día? abonos semanales? abonos para turistas?	ai a-*bo*-nos de *di*-a a-*bo*-nos se-ma-*na*-les a-*bo*-nos pa-ra tu-*ris*-tas

Taxi

Ich möchte ein Taxi bestellen für ... morgen. ... Uhr.	Quisiera pedir un taxi para... mañana. las...	ki-*sie*-ra pe-*dir* un *tak*-si pa-ra ma-*gna*-na las
Wie viel kostet es nach ...?	¿Cuánto vale hasta...?	*kuan*-to *ba*-le *as*-ta
Nach ..., bitte!	A..., por favor.	a por fa-*bor*

Zum ... Hotel, bitte!	Al hotel..., por favor.	al o*tel* por fa*bor*
In die Innenstadt, bitte!	Al centro de la ciudad, por favor.	al *Zen*tro de la Ziu*dad* por fa*bor*
Schalten Sie bitte den Taxameter ein.	Conecte el taxímetro, por favor.	ko*nek*te el tak*si*metro por fa*bor*
Könnten Sie bitte hier ... halten? warten?	¿Podría... parar aquí, por favor? esperar aquí, por favor?	po*dri*a pa*rar* a*ki* por fa*bor* espe*rar* a*ki* por fa*bor*

Unterwegs mit dem Auto

Vermietung

Ich möchte ein Auto mieten ...	Quisiera alquilar un coche...	ki*sie*ra alki*lar* un *ko*tsche
mit ... Automatik Klimaanlage Navigationsgerät	con... cambio automático aire acondicionado navegador	kon *kam*bio auto*ma*tiko *ai*re akondiZio*na*do nabega*dor*
für ... ... Tage ... Wochen	por... ... días ... semanas	por *di*as se*ma*nas
Wieviel kostet es pro ... Tag? Woche?	¿Cuánto vale por... día? semana?	*kuan*to *ba*le por *di*a se*ma*na
Ist das mit unbegrenzter Kilometerzahl?	¿Es con kilometraje ilimitado?	es kon kilome*tra*he ilimi*ta*do
Ist das Fahrzeug ... vollkaskoversichert? teilkaskoversichert?	¿Tiene el vehículo... seguro a todo riesgo? seguro a terceros?	*tie*ne el be*i*kulo se*gu*ro a todo *ries*go se*gu*ro a terZeros
Ist es möglich, das Fahrzeug in ... abzugeben?	¿Es posible entregar el vehículo en...?	es po*si*ble entre*gar* el be*i*kulo en
Führerschein	el carnet de conducir	el kar*ne* de kondu*Zir*

Wegbeschreibung

Entschuldigen Sie bitte, ... wie komme ich nach ...? wo ist ...? ist das die Straße nach ...?	Perdone, por favor,... ¿cómo puedo ir hasta...? ¿dónde está...? ¿es esta la calle que va a...?	per*do*ne por fa*bor* *ko*mo *pue*do ir *as*ta *don*de es*ta* es *es*ta la *ka*lje ke ba a
Wie weit ist es?	¿Cómo está de lejos?	*ko*mo es*ta* de *le*hos

Bitte zeigen Sie es mir auf der Karte.	Me lo puede enseñar en el plano.	me lo *pue*·de en·se·*gnar* en el *pla*·no
Ampel	el semáforo	el se·*ma*·fo·ro
Autobahngebühren	el peaje de autopista	el pe·*a*·he de au·to·*pis*·ta
Citymaut	el peaje urbano	el pe·*a*·he ur·*ba*·no
Ecke	la esquina	la es·*ki*·na
gegenüber	enfrente de	en·*fren*·te de
geradeaus	todo recto	*to*·do *rek*·to
hinter	detrás de	de·*tras* de
in der Nähe von	cerca de	*Zer*·ka de
Kreisverkehr	la rotonda	la ro·*ton*·da
Kreuzung	el cruce	el *kru*·Ze
Kurve	la curva	la *kur*·ba
links	a la izquierda	a la iZ·*kier*·da
nah	cerca	*Zer*·ka
neben	junto a	*hun*·to a
Raststätte	área de descanso	*a*·rea de des·*kan*·so
rechts	a la derecha	a la de·*re*·tscha
Straße	la calle	la *ka*·lje
vor	antes de	*an*·tes de
weit	lejos	*le*·hos
zwischen	entre	*en*·tre

Tankstelle

Wo ist die nächste Tankstelle?	¿Dónde está la próxima gasolinera?	*don*·de es·*ta* la *prok*·si·ma ga·so·li·*ne*·ra
Ich möchte ... Liter ..., bitte.	Quisiera... litros de..., por favor.	ki·*sie*·ra... *li*·tros de... por fa·*bor*
Benzin bleifrei	gasolina sin plomo	ga·so·*li*·na sin *plo*·mo
Super bleifrei	gasolina super	ga·so·*li*·na *su*·per
Super verbleit	gasolina super con plomo	ga·so·*li*·na *su*·per con *plo*·mo
Diesel	gasoil	ga·*soil*
Öl	aceite	a·*Zei*·te

Panne

Ich habe ...	Tengo...	*ten*·go
eine Panne.	una avería	u·na a·be·*ri*·a
kein Benzin mehr.	el depósito sin gasolina.	el de·*po*·si·to sin ga·so·*li*·na
eine Reifenpanne.	un pinchazo.	un pin·*tscha*·Zo

Die Batterie ist leer.	La batería está vacía.	la ba·te·*ri*·a es·*ta* ba·*ci*·a
Könnten Sie mir ... mit Benzin aushelfen? Starthilfe geben? beim Reifenwechsel helfen?	¿Puede darme un poco de gasolina? ayudarme a arrancar el coche? ayudarme a cambiar la rueda?	*pue*·de *dar*·me un *po*·ko de ga·so·*li*·na a·iu·*dar*·me a a·rran·*kar* el *ko*·tsche a·iu·*dar*·me a kam·*biar* la *rue*·da
Können Sie ihn abschleppen?	¿Podría remolcarlo?	po·*dri*·a re·mol·*kar*·lo
Was wird das kosten?	¿Cuánto costará?	*kuan*·to kos·ta·*ra*

Auspuff	el tubo de escape	el *tu*·bo de es·*ka*·pe
Blinklicht	el intermitente	el in·ter·mi·*ten*·te
Bremse	el freno	el *fre*·no
Bremsflüssigkeit	el líquido de frenos	el *li*·ki·do de *fre*·nos
Gang	la marcha	la *mar*·tscha
Gaspedal	el pedal del gas	el pe·*dal* del gas
Getriebe	la caja de cambios	la *ka*·ha de *kam*·bios
Handbremse	el freno de mano	el *fre*·no de *ma*·no
Kühler	el radiador	el ra·dia·*dor*
Kühlwasser	el refrigerante	el re·fri·he·*ran*·te
Kupplung	el embrague	el em·*bra*·ge
Luft	el aire	el *ai*·re
Motor	el motor	el mo·*tor*
Nebelscheinwerfer	los faros antiniebla	los *fa*·ros an·ti·*nie*·bla
Öl	el aceite	el a·*Zei*·te
Ölwechsel	el cambio de aceite	el *kam*·bio de a·*Zei*·te
Rad	la rueda	la *rue*·da
Reifen	el neumático	el neu·*ma*·ti·ko
Rücklicht	la luz trasera	la luZ tra·*se*·ra
Scheibenwischer	el limpiaparabrisas	el lim·pia·pa·ra·*bri*·sas
Scheinwerfer	el faro	el *fa*·ro
Tank	el depósito	el de·*po*·si·to
Wasser	el agua	el *a*·gua
Windschutzscheibe	el parabrisas	el pa·ra·*bri*·sas
Zündkerze	la bujía	la bu·*hi*·a
Zündung	el encendido	el en·Zen·*di*·do

ÜBERNACHTEN

Ich suche ...	Estoy buscando...	es-*toi* bus-*kan*-do
ein Hotel.	un hotel.	un o-*tel*
eine Pension.	una pensión.	u-na pen-*sion*
ein Privatzimmer.	una habitación en una casa particular.	u-na a-bi-ta-*Zion* en u-na *ka*-sa par-ti-ku-*lar*
eine Jugendherberge.	un albergue.	un al-*ber*-ge
einen Campingplatz.	un cámping.	un *kam*-pin
Ist es ...	¿Es	es
billig / teuer?	barato / caro?	ba-*ra*-to / *ka*-ro
zentral gelegen?	céntrico / a *(m / f)*?	*Zen*-tri-ko / a
Ist es ...	¿Está	es-*ta*
in der Nähe?	cerca?	*Zer*-ka
in Strandnähe?	cerca de la playa?	*Zer*-ka de la pla-ia

Hotel

Ich habe ein Zimmer reserviert auf den Namen ...	He reservado una habitación a nombre de...	e re-ser-*ba*-do u-na a-bi-ta-*Zion* a *nom*-bre de
Haben Sie noch ein Zimmer frei ...	¿Tiene habitaciones...	*tie*-ne a-bi-ta-*Zio*-nes
für ... Person(en)?	para... persona(s)?	pa-ra per-*so*-na(s)
für eine Nacht?	para una noche?	pa-ra u-na *no*-tsche
für ... Nächte?	para... noches?	pa-ra *no*-tsches
für eine Woche?	para una semana?	pa-ra u-na se-*ma*-na?
vom ... bis ... ?	del... al...?	del... al
Ich hätte gern ...	Quisiera...	ki-*sie*-ra
ein Einzelzimmer.	una habitación individual.	u-na a-bi-ta-*Zion* in-di-bi-*dual*
ein Doppelzimmer.	una habitación doble.	u-na a-bi-ta-*Zion* *do*-ble
ein Dreibettzimmer.	una habitación con tres camas.	u-na a-bi-ta-*Zion* kon tres *ka*-mas
Wir hätten gern ein Zimmer mit Bad / Dusche (und Toilette).	Querríamos una habitación con baño / ducha (y aseo).	ke-*rri*-a-mos u-na a-bi-ta-*Zion* kon *ba*-gno / *du*-tscha (i a-*se*-o)
Was kostet das Zimmer ...	¿Que precio tiene la habitación...	ke *pre*-Zio tie-ne la a-bi-ta-*Zion*
pro Nacht?	por noche?	por *no*-tsche
pro Person?	por persona?	por per-*so*-na
mit Frühstück?	con desayuno?	kon de-sa-*iu*-no
mit Halbpension?	con media pensión?	kon *me*-dia pen-*sion*
mit Vollpension?	con pensión completa?	kon pen-*sion* kom-*ple*-ta

Übernachten

Haben Sie ... einen Aufzug? einen Safe? eine Garage? WLAN?	¿Tiene... ascensor? caja de seguridad? garaje? red local inalámbrica?	*tie*·ne as·Zen·*sor* *ka*·ha de se·gu·ri·*da* ga·*ra*·he ret lo·*kal* i·na·*lam*·brika
Gibt es ... im Zimmer? ein Telefon einen Internet-Anschluss Fernsehen	¿Tiene la habitación teléfono? Internet? televisor?	*tie*·ne la a·bi·ta·*Zion* te·*le*·fo·no in·ter·*net* te·le·bi·*sor*
Wann ... gibt es Frühstück? sind die Essenszeiten?	¿A qué hora... es el desayuno? son las comidas?	a *ke* o·ra es el de·sa·*iu*·no son las ko·*mi*·das
Wo ... gibt es Frühstück? ist der Speisesaal?	¿Dónde se desayuna? está el comedor?	*don*·de se de·sa·*iu*·na es·*ta* el ko·me·*dor*
Bitte wecken Sie mich um ... Uhr.	Despiérteme, por favor, a las...	des·*pier*·te·me por fa·*bor* a las
Wechseln Sie hier Geld?	¿Cambian dinero aquí?	*kam*·bian di·*ne*·ro a·*ki*
Könnte ich bitte ... haben? meinen Schlüssel noch eine Decke noch ein Handtuch	¿Me podrían dar... la llave? otra manta? otra toalla?	me po·*dri*·an dar la *lja*·be o·tra *man*·ta o·tra to·*a*·lja
Die Klimaanlage ... Die Heizung ... Die Toilette ... Die Dusche ... Der Türcode ... funktioniert nicht.	El aire acondicionado... La calefacción... El lavabo... La ducha... El código de la puerta... no funciona.	el *ai*·re a·kon·di·Zio·*na*·do la ka·le·fak·*Zion* el la·*ba*·bo la *du*·tscha el *ko*·di·go de la *puer*·ta no fun·*Zio*·na
Es kommt kein warmes Wasser.	No sale agua caliente.	no *sa*·le *a*·gua ka·*lien*·te
Das Zimmer ... Die Bettwäsche ... Das Handtuch ... ist nicht sauber.	La habitación... La cama... La toalla... está sucia.	la a·bi·ta·*Zion* la *ka*·ma la to·*a*·lja es·*ta* *su*·Zia
Ich möchte ein anderes Zimmer.	Quisiera otra habitación.	ki·*sie*·ra o·tra a·bi·ta·*Zion*
Ich reise morgen ab.	Me voy mañana.	me boi ma·*gna*·na
Wann muss ich das Zimmer räumen?	¿A qué hora tengo que dejar la habitación?	a *ke* o·ra ten·go ke de·*har* la a·bi·ta·*Zion*

Kann ich mein Gepäck hier lassen bis ... heute Abend? Sonntag?	¿Puedo dejar las maletas aquí hasta... esta noche? el domingo?	*pue*·do de·*har* las ma·*le*·tas a·*ki as*·ta es·ta *no*·tsche el do·*min*·go
Nehmen Sie ... Kreditkarten? Euro?	¿Aceptan... tarjetas? euros?	a·*Zep*·tan tar·*he*·tas *eu*·ros
Könnten Sie mir bitte ein Taxi rufen?	¿Puede llamarme un taxi?	*pue*·de lja·*mar*·me un *tak*·si
Vielen Dank. Auf Wiedersehen.	Muchas gracias. Adiós.	*mu*·tschas *gra*·Zias a·*dios*

Abendessen	la cena	la *Ze*·na
Aufzug	el ascensor	el as·Zen·*sor*
Badewanne	la bañera	la ba·*gne*·ra
Bett	la cama	la *ka*·ma
Bettwäsche	la ropa de la cama	la *ro*·pa de la *ka*·ma
Decke	el techo	el *te*·tscho
Dusche	la ducha	la *du*·tscha
Fernseher	el televisor	el te·le·bi·*sor*
Frühstück	el desayuno	el de·sa·*iu*·no
Handtuch	la toalla	la to·*a*·lja
Heizung	la calefacción	la ka·le·fak·*Zion*
Internet-Anschluss	la conexión a Internet	la ko·nek·*sion* a in·ter·*net*
Klimaanlage	el aire acondicionado	el *ai*·re a·kon·di·Zio·*na*·do
Kopfkissen	la almohada	la al·mo·*a*·da
Mittagessen	el almuerzo	el al·*muer*·Zo
Safe	la caja de seguridad	la *ka*·ha de se·gu·ri·*da*
Schlüssel	la llave	la *lja*·be
Speisesaal	el comedor	el ko·me·*dor*
Swimmingpool	la piscina	la pis·*Zi*·na
Toilette	el baño	el *ba*·gno
Toilettenpapier	el papel higiénico	el pa·*pel* i·*hie*·ni·ko
Türcode	el código de la puerta	el *ko*·di·go de la *puer*·ta
Waschbecken	el lavabo	el la·*ba*·bo
Wasser (kalt / warm)	el agua (fría / caliente)	el *a*·gua (*fri*·a / ka·*lien*·te)
Zimmerservice	el servicio de habitaciones	el ser·*bi*·Zio de a·bi·ta·*Zio*·nes

Ferienwohnung

Gibt es zusätzliche Kosten?	¿Hay otros costes?	ai o·tros *kos*·tes
Was kostet die Endreinigung?	¿Cuánto vale la limpieza final?	*kuan*·to ba·le la lim·*pie*·Za fi·*nal*
Wo bekommen wir den Schlüssel?	¿Dónde recogemos la llave?	*don*·de re·ko·*he*·mos la *lja*·be
Sind Haustiere erlaubt?	¿Aceptan animales?	a·*Zep*·tan a·ni·*ma*·les
Wohin kommt der Müll?	¿Dónde se echa la basura?	*don*·de se e·txa la ba·*su*·ra

Campingplatz

Kann ich hier zelten?	¿Puedo acampar aquí?	*pue*·do a·kam·*par* a·*ki*
Haben Sie Platz für ... ein Zelt? ein Wohnmobil? einen Wohnwagen?	¿Hay sitio para... una tienda? una autocaravana? una caravana?	ai *si*·tio pa·ra u·na *tien*·da u·na au·to·ka·ra·*ba*·na u·na ka·ra·*ba*·na
Was kostet es ... pro Tag / Woche und Person? für das Auto? für das Zelt? für das Wohnmobil? für den Wohnwagen?	¿Cuánto se paga... por día / semana y persona? por el coche? por la tienda? por la autocaravana? por la caravana?	*kuan*·to se *pa*·ga por *di*·a / se·*ma*·na i per·*so*·na por el *ko*·tsche por la *tien*·da por la au·to·ka·ra·*ba*·na por la ka·ra·*ba*·na
Wir bleiben ... Tage / Wochen.	Nos quedaremos... días / semanas	nos ke·da·*re*·mos... *di*·as / se·*ma*·nas
Wo sind die ... Toiletten? Waschräume? Duschen? Abfalleimer?	¿Dónde están... los lavabos? los lavaderos? las duchas? los cubos de la basura?	don·de es·*tan* los la·*ba*·bos los la·ba·*de*·ros las *du*·tschas los *ku*·bos de la ba·*su*·ra

Campingplatz	el cámping	el *kam*·pin
Kocher	el hornillo	el or·*ni*·ljo
Müll	la basura	la ba·*su*·ra
Spülbecken	el fregadero	el fre·ga·*de*·ro
Steckdose	el enchufe	el en·*tschu*·fe
Stromanschluss	la toma de la corriente	la *to*·ma de la ko·*rrien*·te
Trinkwasser	el agua potable	el *a*·gua po·*ta*·ble

GELD UND KOMMUNIKATION

Wo ist ..., bitte?	¿Dónde hay..., por favor?	*don*·de ai por fa·*bor*
eine Bank	un banco	un *ban*·ko
eine Wechselstube	una oficina de cambio	u·na o·fi·*Zi*·na de *kam*·bio
ein Geldautomat	un cajero automático	un ka·*he*·ro au·to·*ma*·ti·ko
ein Callshop	un locutorio	un lo·ku·*to*·rio
eine Telefonzelle	una cabina de teléfonos	u·na ka·*bi*·na de te·*le*·fo·nos
ein Internetcafé	un cibercafé	un Zi·ber·ka·*fe*
Wo ist ..., bitte?	¿Dónde está..., por favor?	*don*·de es·*ta*... por fa·*bor*
die Post	Correos	ko·*rre*·os
der nächste Briefkasten	el buzón más próximo	el bu·*Zon* mas *prok*·si·mo

Bank

Ich möchte bitte ...	Quisiera...	ki·*sie*·ra
... in ... wechseln.	cambiar... en...	kam·*biar* en
mit meiner Karte Geld abheben.	retirar dinero con mi tarjeta.	re·ti·*rar* di·*ne*·ro kon mi tar·*he*·ta
Wie hoch sind die Gebühren?	¿Qué tasas hay que pagar?	*ke* ta·sas ai ke pa·*gar*
Der Geldautomat ...	El cajero automático...	el ka·*he*·ro au·to·*ma*·ti·ko
gibt meine Karte nicht heraus.	no me devuelve la tarjeta.	no me de·*buel*·be la tar·*he*·ta
nimmt meine Karte nicht an.	no acepta mi tarjeta.	no a·*Zep*·ta mi tar·*he*·ta

Post

Was kostet ... nach ..., bitte?	¿Cuánto vale... a..., por favor?	*kuan*·to *ba*·le... a... por fa·*bor*
ein Brief	una carta	u·na *kar*·ta
eine Postkarte	una postal	u·na pos·*tal*
dieses Paket	este paquete	es·te pa·*ke*·te
Fünf Briefmarken zu ..., bitte.	Cinco sellos de..., por favor.	*Zin*·ko se·ljos de..., por fa·*bor*
Per Luftpost, bitte.	Por avión, por favor.	por a·*bion* por fa·*bor*

Telefon

Ich möchte nach ... telefonieren.	Quisiera llamar a...	ki·*sie*·ra lja·*mar* a
Wie viel kostet es pro Minute?	¿Cuánto cuesta el minuto?	*kuan*·to *kues*·ta el mi·*nu*·to
In welche Kabine soll ich gehen?	¿A qué cabina debo ir?	a *ke* ka·*bi*·na *de*·bo ir
Ich möchte ... eine Telefonkarte. ein R-Gespräch führen.	Quisiera... una tarjeta de teléfonos. hacer una llamada a cobro revertido.	ki·*sie*·ra u·na tar·*he*·ta de te·*le*·fo·nos a·*Zer* u·na lja·*ma*·da a *ko*·bro re·ber·*ti*·do
Handy	**teléfono móvil**	**te·*le*·fo·no *mo*·bil**
Mein Akku ist leer.	La batería se me ha acabado.	la ba·te·*ri*·a se me a a·ka·*ba*·do
Ich möchte meine Karte aufladen.	Quisiera recargar la tarjeta	ki·*sie*·ra re·kar·*gar* la tar·*he*·ta
Mein Provider ist ...	Mi proveedor es...	mi pro·be·e·*dor* es
Ich hätte gern ..., bitte. ein Handy mit einer Prepaid-Karte eine SIM-Karte für Ihr Netz	Quisiera..., por favor un móvil con tarjeta prepago una tarjeta SIM para su red	ki·*sie*·ra... por fa·*bor* un *mo*·bil kon tar·*he*·ta pre·*pa*·go u·na tar·*he*·ta sim pa·ra su red

Internet

Ich möchte ... im Internet surfen. einen Drucker benutzen. einen Scanner benutzen. eine CD brennen.	Quisiera... navegar en Internet. utilizar una impresora. utilizar un escáner. copiar un CD.	ki·*sie*·ra... na·be·*gar* en in·ter·*net* u·ti·li·*Zar* u·na im·pre·*so*·ra u·ti·li·*Zar* un es·*ka*·ner ko·*piar* un Ze·*de*
Kann ich ... mit diesem Computer verbinden? meinen USB-Stick meine Kamera	¿Puedo conectar... con este ordenador? mi lápiz USB mi cámara	*pue*·do ko·nek·*tar*... kon es·te or·de·na·*dor* mi *la*·piZ u·ese·*be* mi *ka*·ma·ra
Was kostet ... eine Stunde? es pro Seite?	¿Cuánto vale... una hora? por cara?	*kuan*·to ba·le u·na *o*·ra por *ka*·ra

ESSEN GEHEN

tapas & raciones
€
Pimientos Padrón 6,00
Pulpo a nosa feira 12,50
Croquetas Orixe 7,50
Tortilla jugosiña Cacheiras 8,75
Tortilla Cambados 10,00
Tortilla Santiago 10,00
Tortilla Orixe 10,00
Empanada del dia 10,50
Choriziños al Albariño 6,00
Chorizos Criollos c/ Chimichurri 6,50
Albóndigas Ternera Orixe 10,00
Lacón cocido al estilo Lalín 7,00
Cecina de Ourense 9,00
Callos con garbanzos 10,50
Salteado Langostinos c/ Pulpo 13,50
Jamón Ibérico de Bellota 16,50
Tapas Calientes (unidad) 2,50
Tapas Frías (unidad) 2,20

6 Essen gehen

Wo gibt es hier ...	¿Dónde hay por aquí...	*don*·de ai por a·*ki*
ein Restaurant?	un restaurante?	un res·tau·*ran*·te
ein Cafè?	un café?	un ka·*fe*
eine Kneipe?	un bar?	un bar
einen Schnellimbiss?	un tenderete para comer algo?	un ten·de·*re*·te pa·ra ko·*mer* al·go
Ist es ...	¿Es	es
billig / teuer?	barato / caro?	ba·*ra*·to / *ka*·ro
landestypisch?	típico de aquí?	*ti*·pi·ko de a·*ki*
Ich möchte einen Tisch für ... Personen reservieren für heute Abend.	Quisiera reservar una mesa para esta noche para... personas.	ki·*sie*·ra re·ser·*bar* u·na *me*·sa pa·ra es·ta *no*·tsche pa·ra... per·so·nas
Ich hätte gern einen Tisch für ... Personen, bitte.	Una mesa para... personas, por favor.	u·na *me*·sa pa·ra... per·so·nas por fa·*bor*
Haben Sie eine (Nicht-) Raucherzone?	¿Tienen zona de (no) fumadores?	*tie*·nen *Zo*·na de (no) fu·ma·*do*·res

Frühstück	el desayuno	el de·sa·*iu*·no
Mittagessen	el almuerzo	el al·*muer*·Zo
Abendessen	la cena	la *Ze*·na
Imbiss	el tentempié	el ten·tem·*pie*
Zwischenmahlzeit am Nachmittag	la merienda	la me·*rien*·da

Ich hätte gern ...	¿Puede traerme...	*pue*·de tra·*er*·me
die Speisekarte.	la carta?	la *kar*·ta
die Weinkarte.	la carta de vinos?	la *kar*·ta de *bi*·nos
Gibt es auch ...	¿Hay también...	ai tam·*bien*
ein Tagesgericht?	menú del día?	me·*nu* del *di*·a
vegetarische Gerichte?	platos vegetarianos?	*pla*·tos be·he·ta·*ria*·nos
Ich nehme ...	Tomaré...	to·ma·*re*
ein Glas ...	un vaso de...	un *ba*·so de
eine Flasche ...	una botella de...	u·na bo·*te*·lja de
Könnten wir noch etwas ... bekommen?	¿Nos podría traer más...	nos po·*dri*·a tra·*er* mas
Brot	pan?	pan
Wasser	agua?	*a*·gua
Wein	vino?	*bi*·no

Besteck	los cubiertos	los ku*bier*tos
Gabel	el tenedor	el te·ne*dor*
Gedeck	el cubierto	el ku*bier*to
Glas	el vaso	el *ba*so
Kellner / Kellnerin	el camarero / la camarera	el ka·ma·re·ro / la ka·ma·re·ra
Löffel	la cuchara	la ku*tscha*ra
Messer	el cuchillo	el ku*tschi*ljo
Serviette	la servilleta	la ser·bi·*lje*ta
Tasse	la taza	la *ta*Za
Teller	el plato	el *pla*to
Trinkgeld	la propina	la pro*pi*na

Ich esse kein ...	No como...	no *ko*mo
Ich bin ... Diabetiker / Diabetikerin. Vegetarier / Vegetarierin. Veganer / Veganerin.	Soy... diabético / diabética. vegetariano / vegetariana. vegano / vegana.	soi dia·*be*·ti·ko / dia·*be*·ti·ka be·he·ta·*ria*·no / be·he·ta·*ria*·na be·*ga*·no / be·*ga*·na
Ich bin allergisch gegen ... Eier. Milchprodukte. Natriumglutamat. Nüsse.	Soy alérgico... a los huevos. a los productos lácteos. al glutamato monosódico. a las nueces.	soi a·*ler*·hi·ko... a los *ue*·bos a los pro·*duk*·tos *lak*·teos al glu·ta·*ma*·to mo·no·*so*·di·ko a las *nue*·Zes
Bezahlen, bitte.	La cuenta, por favor.	la *kuen*·ta por fa·*bor*
Die Rechnung stimmt nicht.	La cuenta no está bien.	la *kuen*·ta no es·*ta* bien
Das ist für Sie.	Esto es para usted.	es·to es pa·ra us·*te*
Es stimmt so.	Ya está bien así.	ia es·*ta* bien a·*si*

Die Speisekarte

Entrantes	en·*tran*·tes	Vorspeisen
Sopas	so·pas	Suppen
Pescados y mariscos	pes·*ka*·dos i ma·*ris*·kos	Fisch und Meeresfrüchte
Carnes	*kar*·nes	Fleisch und Geflügel
Ensalada y verduras	en·sa·*la*·da i ber·*du*·ras	Salat und Gemüse
Postres, queso y fruta	*pos*·tres, *ke*·so i *fru*·ta	Desserts, Käse und Obst
arroz con leche	a·*rroZ* kon *le*·tsche	Milchreis
bistec	bis·*tek*	Beefsteak

canalones	ka·na·*lo*·nes	Cannelloni
cereales	Ze·re·*a*·les	Getreideflocken
cocido	ko·*Zi*·do	Eintopf mit Fleisch, Kichererbsen, Gemüse, Kartoffeln, usw.
conejo al ajillo	ko·*ne*·ho al a·*hi*·ljo	Kaninchen mit Knoblauch
consomé	kon·so·*me*	Kraftbrühe
copa de helado	*ko*·pa de e·*la*·do	Eisbecher
cordero asado	kor·*de*·ro a·*sa*·do	gebratenes Lamm
croissant	krua·*san*	Hörnchen
empanada gallega	em·pa·*na*·da ga·*lje*·ga	gefüllte Teigtasche
ensaimada	en·sai·*ma*·da	typisches Gebäck aus Mallorca
ensalada	en·sa·*la*·da	Salat
ensalada mixta	en·sa·*la*·da *miks*·ta	gemischter Salat
escalope de ternera	es·ka·*lo*·pe de ter·*ne*·ra	Kalbsschnitzel
fabada	fa·*ba*·da	Bohneneintopf
filete a la plancha	fi·*le*·te a la *plan*·tscha	gebratenes Lendenstück
fruta	*fru*·ta	Obst
gazpacho	gaZ·*pa*·tscho	kalte Suppe aus pürierten, rohen Tomaten, Paprika, Gurken, Zwiebeln, mit Öl und Essig gewürzt
marisco	ma·*ris*·ko	Meeresfrüchte
menestra de verduras	me·*nes*·tra de ber·*du*·ras	Gemüseeintopf
paella	pa·e·lja	Paella *(Reisgericht mit verschiedenen Fleisch- und Fischsorten)*
parrillada (de carne/ de pescado)	pa·rri·*lja*·da (de *kar*·ne/ de pes·*ka*·do)	Grillplatte (mit Fleisch/ mit Fisch)
patatas con huevos	pa·*ta*·tas kon *ue*·bos	Pommes frites mit Spiegeleier
pollo con guarnición	*po*·ljo kon guar·ni·*Zion*	Hähnchen mit Beilagen
profiteroles	pro·fi·te·*ro*·les	Windbeutelchen mit Schokolade
queso	*ke*·so	Käse
sorbete	sor·*be*·te	Sorbet
tapa	*ta*·pa	Appetithappen
tarta	*tar*·ta	Torte
tortilla de patatas	tor·ti·lja de pa·*ta*·tas	Omelett mit Kartoffeln
tostada	tos·*ta*·da	Toast
turrón	tu·*rron*	typisches spanisches Weihnachtsgebäck

Bebidas		Getränke
agua mineral (con gas/ sin gas)	*a*·gua mi·ne·*ral* (kon gas/ sin gas)	Mineralwasser (mit/ohne Kohlensäure)
café con leche	ka·*fe* kon *le*·tsche	Milchkaffee
café solo	ka·*fe* *so*·lo	Espresso
cerveza (de barril)	Zer·*be*·Za (de ba·*rril*)	Bier (vom Fass)
chupito	tschu·*pi*·to	Schnaps
copa	*ko*·pa	Likör
cortado	kor·*ta*·do	Espresso mit einem Schuss Milch
limonada	li·mo·*na*·da	Limonade
té	te	Tee
vino (rosado/tinto/blanco)	*bi*·no (ro·*sa*·do/*tin*·to/ *blan*·ko)	Wein (rosé/rot/weiß)
zumo	*Zu*·mo	Saft

Für weitere Lebensmittel siehe auch ***Shoppen und einkaufen***.

SHOPPEN UND EINKAUFEN

Wo ist ..., bitte? die Apotheke die Bäckerei das Lebensmittelgeschäft der Markt der Souvenirladen der Supermarkt der Tabakladen der Zeitungshändler	¿Dónde está..., por favor? la farmacia la panadería la tienda de comestibles el mercado la tienda de souvenirs el supermercado el estanco el quiosco	*don*-de es-*ta*... por fa-*bor* la far-*ma*-Zia la pa-na-de-*ri*-a la *tien*-da de ko-mes-*ti*-bles el mer-*ka*-do la *tien*-da de su-be-*nirs* el su-per-mer-*ka*-do el es-*tan*-ko el *kios*-ko
Haben Sie ...?	¿Tienen...?	*tie*-nen
Ich möchte dieses Hemd in Größe ..., bitte.	Quisiera esta camisa en la talla..., por favor.	ki-*sie*-ra es-ta ka-*mi*-sa en la *ta*-lja... por fa-*bor*
klein	pequeño/a (*m/f*)	pe-*ke*-gno/a
mittelgroß	mediano/a (*m/f*)	me-*dia*-no/a
groß	grande	*gran*-de
Kann ich es anprobieren?	¿Puedo probármelo?	*pue*-do pro-*bar*-me-lo
Es passt./Es passt nicht.	Me va bien./No me va bien.	me ba bien/no me ba bien
Ich nehme es.	Me lo/la (*m/f*) quedo.	me lo/la *ke*-do
Danke, ich sehe mich nur um.	Gracias, sólo quería mirar.	*gra*-Zias so-lo ke-*ri*-a mi-*rar*
Verschicken Sie es ins Ausland?	¿Lo envían al extranjero?	lo en-*bi*-an al eks-tran-*he*-ro
Kann ich bitte eine Tüte haben?	¿Me podría dar una bolsa?	me po-*dri*-a dar u-na *bol*-sa
Ich möchte bitte ... dies umtauschen. mein Geld zurück.	Quisiera... cambiar esto. que me devolvieran el dinero.	ki-*sie*-ra kam-*biar* es-to ke me de-bol-*bie*-ran el di-*ne*-ro
Es ist beschädigt.	Está defectuoso/a (*m/f*).	es-*ta* de-fek-*tuo*-so/a
Es ist kaputt.	Está roto/a (*m/f*).	es-*ta* *ro*-to/a
Ich suche etwas von ...	Busco algo de...	*bus*-ko *al*-go de
Ist das eine Raubkopie?	¿Es una copia pirata?	es u-na *ko*-pia pi-*ra*-ta
Wie viel kostet das?	¿Cuánto cuesta esto?	*kuan*-to *kues*-ta es-to

Können Sie mir bitte den Preis aufschreiben?	¿Puede anotarme el precio, por favor?	*pue*·de a·no·*tar*·me el *pre*·Zio por fa·*bor*
Haben Sie etwas Billigeres?	¿Tiene algo más barato?	*tie*·ne al·go mas ba·*ra*·to
Nehmen Sie ... Euro? Kreditkarten?	¿Aceptan... euros? tarjetas?	a·*Zep*·tan *eu*·ros tar·*he*·tas
Geben Sie mir bitte ... mein Wechselgeld. eine Quittung.	Déme..., por favor. el cambio un recibo	*de*·me por fa·*bor* el *kam*·bio un re·*Zi*·bo

Adapter	el adaptador	el a·dap·ta·*dor*
Ansichtskarte	la postal	la pos·*tal*
Armbanduhr	el reloj de pulsera	el re·*loh* de pul·se·ra
Badeanzug	el traje de baño	el *tra*·he de *ba*·gno
Badehose	el bañador	el ba·*gna*·dor
Batterie	la batería	la ba·te·*ri*·a

Buch	el libro	el *li*·bro
Duschgel	el gel de baño	el hel de *ba*·gno
Einwegkamera	la cámara de un solo uso	la *ka*·ma·ra de un *so*·lo *u*·so
Einwegrasierer	la cuchilla de afeitar de un solo uso	la ku·*tschi*·lja de a·fei·*tar* de un *so*·lo *u*·so
Feuerzeug	el encendedor	el en·Zen·de·*dor*
Film	la película	la pe·*li*·ku·la
Gold	el oro	el *o*·ro
Gürtel	el cinturón	el Zin·tu·*ron*
handgemacht	hecho a mano	e·tscho a *ma*·no
Hemd	la camisa	la ka·*mi*·sa
Hose	el pantalón	el pan·ta·*lon*
Hut	el sombrero	el som·*bre*·ro
Insektenschutzmittel	el protector contra picaduras de mosquitos	el pro·tek·*tor kon*·tra pi·ka·*du*·ras de mos·*ki*·tos
Kleid	el vestido	el bes·*ti*·do
Kontaktlinsen	las lentillas	las len·*ti*·ljas
Landkarte	el mapa	el *ma*·pa
Pflaster	la tirita	la ti·*ri*·ta
Präservativ	el preservativo	el pre·ser·ba·*ti*·bo
Rasierschaum	la espuma de afeitar	la es·*pu*·ma de a·fei·*tar*
Rock	la falda	la *fal*·da
Sandalen	las sandalias	la san·*da*·lias
Schirm	el paraguas	el pa·*ra*·guas
Schmuck	las joyas	las *ho*·ias
Schuhe	los zapatos	los Za·*pa*·tos
Shampoo	el champú	el tscham·*pu*
Seife	el jabón	el ha·*bon*
Slipeinlagen	el salvaslip	el sal·bas·*lip*
Sonnenbrille	las gafas de sol	las *ga*·fas de sol
Sonnencreme	la crema de protección solar	la *kre*·ma de pro·tek·*Zion* so·*lar*
Souvenir	el souvenir	el su·be·*nir*
Stadtplan	el plano de la ciudad	el *pla*·no de la Ziu·*dad*
Strandmatte	la estera de playa	la es·*te*·ra de *pla*·ia
Streichhölzer	las cerillas	las Ze·*ri*·ljas
Tampons	los tampones	los tam·*po*·nes
Tasche	el bolsillo	el bol·*si*·ljo
Taschenlampe	la linterna	la lin·*ter*·na
Taschentücher	los pañuelos	los pa·*gnue*·los

Toilettenpapier	el papel higiénico	el pa·*pel* i·*hie*·ni·ko
Unterwäsche	la ropa interior	la *ro*·pa in·te·*rior*
Vorhängeschloss	el candado	el kan·*da*·do
Waschmittel	el detergente	el de·ter·*hen*·te
Zahnbürste	el cepillo de dientes	el Ze·*pi*·ljo de *dien*·tes
Zahnpasta	la pasta dentífrica	la *pas*·ta den·*ti*·fri·ka
Zeitung	el periódico	el pe·*rio*·di·ko
Zigaretten	los cigarrillos	los Zi·ga·*rri*·ljos

Auf dem Markt

Geben Sie mir bitte ... 100 g ... ein Kilo ... ein Pfund ... zehn Scheiben ... ein Stück von ...	Póngame..., por favor 100 g. de... un kilo de... una libra de... diez lonchas de... un trozo de...	*pon*·ga·me por fa·*bor* Zien *gra*·mos de un *ki*·lo de u·na *li*·bra de dieZ *lon*·tschas de un *tro*·Zo de
Das ist zu viel. / Das ist zu wenig.	Es demasiado. / Es demasiado poco.	es de·ma·*sia*·do / es de·ma·*sia*·do *po*·ko
Was ist das?	¿Qué es esto?	ke es *es*·to
Kann ich es probieren?	¿Puedo probarlo?	*pue*·do pro·*bar*·lo

Äpfel	las manzanas	las man·*Za*·nas
Aprikosen	los albaricoques	los al·ba·ri·*ko*·kes
aus der Region	de la región	de la re·*hion*
Bananen	los plátanos	los *pla*·ta·nos
Bio-	bio-	bio
Bier	la cerveza	la Zer·*be*·Za
Essig	el vinagre	el bi·*na*·gre
Fisch	el pescado	el pes·*ka*·do
Fleisch	la carne	la *kar*·ne
Gemüse	la verdura	la ber·*du*·ra
Gurke	el pepino	el pe·*pi*·no
Hähnchen	el pollo	el *po*·ljo
Karotten	las zanahorias	las Za·na·*o*·rias
Kartoffeln	las patatas	las pa·*ta*·tas
Käse	el queso	el *ke*·so
Kirschen	las cerezas	las Ze·*re*·Zas
Knoblauch	el ajo	el *a*·ho

Konfitüre	la confitura	la kon·fi·*tu*·ra
Kräuter	las hierbas	las *ier*·bas
Lammfleisch	la carne de cordero	la *kar*·ne de kor·*de*·ro
Melone	el melón	el me·*lon*
Nüsse	las nueces	las *nue*·Zes
Obst	la fruta	la *fru*·ta
Öl	el aceite	el a·*Zei*·te
Oliven (grüne/schwarze)	las aceitunas (verdes/ negras)	las a·Zei·*tu*·nas (*ber*·des/ *ne*·gras)
Olivenöl	el aceite de oliva	el a·*Zei*·te de o·*li*·ba
Orangen	las naranjas	las na·*ran*·has
Paprikaschoten	los pimientos	los pi·*mien*·tos
Pfirsiche	los melocotones	los me·lo·ko·*to*·nes
Rindfleisch	la carne de vacuno	la *kar*·ne de ba·*ku*·no
Salami	el salchichón	el sal·tschi·*tschon*
Salat	la lechuga	la le·*tschu*·ga
Schweinefleisch	la carne de cerdo	la *kar*·ne de *Zer*·do
Schinken	el jamón	el ha·*mon*
Tomaten	los tomates	los to·*ma*·tes
Wein (rosé/rot/weiß)	el vino (rosado/tinto/ blanco)	el *bi*·no (ro·*sa*·do/ *tin*·to/ *blan*·ko)
Wurst	los embutidos	los em·bu·*ti*·dos
Zitronen	los limones	los li·*mo*·nes
Zwiebeln	las cebollas	las Ze·*bo*·ljas

ZAHLEN UND ZEITANGABEN

Zahlen

0	cero	*Ze*·ro	23	veintitrés	bein·ti·*tres*
1	uno	*u*·no	24	veinticuatro	bein·ti·*kua*·tro
2	dos	dos	25	veinticinco	bein·ti·*Zin*·ko
3	tres	tres	26	veintiséis	bein·ti·*seis*
4	cuatro	*kua*·tro	27	veintisiete	bein·ti·*sie*·te
5	cinco	*Zin*·ko	28	veintiocho	bein·ti·*o*·tscho
6	seis	seis	29	veintinueve	bein·ti·*nue*·be
7	siete	*sie*·te	30	treinta	*trein*·ta
8	ocho	*o*·tscho	40	cuarenta	kua·*ren*·ta
9	nueve	*nue*·be	50	cincuenta	Zin·*kuen*·ta
10	diez	dieZ	60	sesenta	se·*sen*·ta
11	once	*on*·Ze	70	setenta	se·*ten*·ta
12	doce	*do*·Ze	80	ochenta	o·*tschen*·ta
13	trece	*tre*·Ze	90	noventa	no·*ben*·ta
14	catorce	ka·*tor*·Ze	100	cien	Zien
15	quince	*kin*·Ze	101	ciento uno	Zien·to *u*·no
16	dieciséis	die·Zi·*seis*	200	doscientos	dos·*Zien*·tos
17	diecisiete	die·Zi·*sie*·te	300	trescientos	tres·*Zien*·tos
18	dieciocho	die·Zi·*o*·tscho	1 000	mil	mil
19	diecinueve	die·Zi·*nue*·be	2 000	dos mil	dos mil
20	veinte	*bein*·te	10 000	diez mil	dieZ mil
21	veintiuno	bein·ti·*u*·no	100 000	cien mil	Zien mil
22	veintidós	bein·ti·*dos*	1 000 000	un millón	un mi·*ljon*

Zeitangaben

gestern	ayer	a·*ier*
heute	hoy	oi
jetzt	ahora	a·o·ra
morgen	mañana	ma·*gna*·na
nächste Woche	la próxima semana	la *prok*·si·ma se·*ma*·na
sofort	en seguida	en se·*gi*·da
später	más tarde	mas *tar*·de

Uhrzeit

9:00	las nueve de la mañana	las *nue*·be de la ma·*gna*·na
10:05	las diez y cinco	las dieZ i *Zin*·ko
11:15	las once y cuarto	las *on*·Ze i *kuar*·to
12:00	las doce del mediodía	las *do*·Ze del me·dio·*di*·a
14:30	las dos y media	las dos i *me*·dia
15:45	las cuatro menos cuarto	las *kua*·tro me·nos *kuar*·to
17:55	las seis menos cinco	las seis me·nos *Zin*·ko
19:00	las siete de la tarde	las *sie*·te de la *tar*·de
24:00	las doce de la noche	las *do*·Ze de la *no*·tsche

Wochentage

Montag	lunes	*lu*·nes
Dienstag	martes	*mar*·tes
Mittwoch	miércoles	*mier*·ko·les
Donnerstag	jueves	*hue*·bes
Freitag	viernes	*bier*·nes
Samstag	sábado	*sa*·ba·do
Sonntag	domingo	do·*min*·go

Monate		
Januar	enero	e·*ne*·ro
Februar	febrero	fe·*bre*·ro
März	marzo	*mar*·Zo
April	abril	a·*bril*
Mai	mayo	*ma*·io
Juni	junio	*hu*·nio
Juli	julio	*hu*·lio
August	agosto	a·*gos*·to
September	septiembre	sep·*tiem*·bre
Oktober	octubre	ok·*tu*·bre
November	noviembre	no·*biem*·bre
Dezember	diciembre	di·*Ziem*·bre

PONS

www.pons.de

ISBN: 978-3-12-562332-3